高等院校经济管理类专业应用型系列教材

会计学岗位化阶梯式仿真实训系列

高级财务会计仿真实训

Advanced Financial Accounting
Simulation Training

于　福　主　审

王　忠　马婉莹　编　著

中国财经出版传媒集团

经济科学出版社

Economic Science Press

图书在版编目（CIP）数据

高级财务会计仿真实训 / 王忠，马婉莹编著. -- 北京：经济科学出版社，2022.1

高等院校经济管理类专业应用型系列教材. 会计学岗位化阶梯式仿真实训系列

ISBN 978-7-5218-3152-8

Ⅰ.①高⋯ Ⅱ.①王⋯②马⋯ Ⅲ.①会计学-高等学校-教材 Ⅳ.①F230

中国版本图书馆CIP数据核字（2021）第246515号

责任编辑：杜　鹏　常家凤
责任校对：隗立娜　杨　海
责任印制：邱　天

高级财务会计仿真实训

于　福　主审

王　忠　马婉莹　编著

经济科学出版社出版、发行　新华书店经销
社址：北京市海淀区阜成路甲28号　邮编：100142
编辑部电话：010-88191441　发行部电话：010-88191522
网址：www.esp.com.cn
电子邮箱：esp_bj@163.com
天猫网店：经济科学出版社旗舰店
网址：http://jjkxcbs.tmall.com
固安华明印业有限公司印装
787×1092　16开　13印张　270000字
2022年5月第1版　2022年5月第1次印刷
ISBN 978-7-5218-3152-8　定价：36.00元
（图书出现印装问题，本社负责调换。电话：010-88191510）
（版权所有　侵权必究　打击盗版　举报热线：010-88191661
QQ：2242791300　营销中心电话：010-88191537
电子邮箱：dbts@esp.com.cn）

前 言
INTRODUCTION

　　会计作为一项经济管理活动，具有很强的规范性和系统性，业务精细化程度要求很高。会计学作为一门学科或专业，在高等教育不同层次和类别的学校开设得非常普遍。由于专业的特殊性，教学过程中对实践性要求很高，尤其对应用型高校更是显得突出。基于此，相关的实训类教材出版得比较多，也各有特色。

　　本系列教材是长春光华学院副校长于福教授、一汽启明股份有限公司财务总监苏俐正高级会计师、长春光华学院商学院院长孙恒教授牵头，由多名高校教师和企业会计专家携手努力编著完成，并经过几轮教学实践检验，适合应用型高校会计专业实践教学的需要。本系列教材分为初级、中级、高级三部，具有以下特色。

　　1.体现了鲜明的岗位化阶梯式特色。由于会计实务划分为不同的岗位，而会计教学上要依照循序渐进的认知规律进行知识讲授，这就要求会计实训教学过程既要体现业务的岗位化内容，又要体现由浅入深的学习规律。这种体现岗位化阶梯式特色的会计仿真实训教材正是目前很多高校长期想解决但又未能很好解决的问题。本实训教材较好地解决了这个问题。

　　2.清晰演示了每一笔会计实务的标准化流程。为提高学生尽快适应实际工作的需要，突出会计工作规范化的要求，本教材对每一笔业务的规范处理流程都给出了清晰的演示。这种流程的标识在目前会计实训教材中也是一个突出特色。

　　3.原始凭证体现了高度的完整性和真实性。由于企业会计实务专家的加入，本教材涉及的原始凭证完全按照实际业务进行复制，其完整性和真实性加强了学生认知的效率和效果。

　　4.体现了国家最新的财税政策。由于国家财税政策发生了比较大的变化，本系列教材按照最新政策设计实训内容，适应了政策变化要求。

　　本系列实训教材适合会计学专业本科（尤其是应用型高校）学生使用。

　　本教材是岗位化阶梯式高级会计仿真实训，适合学生学习高级阶段会计知识所需。编写组由王忠、马婉莹、韩颖、李玲、崔丹、王羽丹组成。

　　由于角度不同和编著者水平所限，肯定存在诸多不足之处，恳请同行专家不吝赐教。

编者
2022年2月

目 录
CONTENTS

30201 资金会计——非货币性交易 ……………………………………… 1
30202 资金会计——研究开发费 …………………………………………… 8
30203 资金会计——公司上市 ……………………………………………… 28
30204 资金会计——银行信息识别系统 ……………………………………… 50
30301 销售会计——应收账款报表分析 ……………………………………… 55
30401 薪酬会计——员工股权激励 ………………………………………… 60
30501 成本会计——标准成本差异 ………………………………………… 82
30601 税务会计——企业所得税纳税调整 …………………………………… 89
30801 综合会计——合并报表 ……………………………………………… 101
30802 综合会计——会计差错更正 ………………………………………… 119
30803 综合会计——兼并重组 ……………………………………………… 132
30804 综合会计——会计政策变更 ………………………………………… 144
30805 综合会计——会计估计变更 ………………………………………… 153
30806 综合会计——资产负债表日后调整事项 ……………………………… 161
30807 综合会计——资产负债表日后非调整事项 …………………………… 169
30808 综合会计——利润分析 ……………………………………………… 178
30809 综合会计——股份制改造 …………………………………………… 185
30902 出纳——外币折算 …………………………………………………… 196

30201 资金会计——非货币性交易

经济业务	非货币性资产交换	更新时间		经济业务摘要
岗　　位	综合会计	级　　别	高级	非货币性资产交换
工作方式	手工			

　　东北发动机有限公司以持有的长春机械厂的长期股权投资换入东北齿轮有限公司一台铣床，该设备账面原值450万元，已计提折旧330万元，该长期股权投资的账面价值为90万元，两项资产双方均未计提减值准备。由于该铣床系当时专门制造，性质特殊，其公允价值不能可靠计量。东北发动机有限公司的长期股权投资在活跃市场中没有报价，其公允价值也不能可靠计量；经双方商定，东北发动机有限公司支付20万元补价。假定该交易不考虑相关税费。

经济业务处理要求

　　掌握非货币性资产交换业务的认定方法，进行非货币性资产交换业务的账务处理。

经济业务流程

东北发动机有限公司
流程名称：非货币性资产交换
流程代码：30201
更新时间：2018年12月
风险点：

部门名称：财务部	审批人：盖章
主责岗位：综合	会签：范婷、高翔、董芳、丁磊、邓欢、陈晓、陈曼、刘玉
编辑人：付晶	

流程图

开始 → NO.1 资产管理部起草非货币交换协议 → NO.2 总经理办公会审批 → NO.3 资产管理部申请支付补价 → NO.4 财务部长审批 → NO.5 会计编制原始凭证，会计处理 → NO.6 交易双方办理资产权属变更和交接手续 → 结束

以物易物协议

互易方（甲）：东北发动机有限公司
互易方（乙）：东北齿轮有限公司

经甲乙双方充分协商，甲方将持有的长期股权投资与乙方持有的一台固定资产——铣床进行交换，就资产交换事宜达成以下事宜，以便共同遵守。

第一条
1. 换出资产名称：持有的长春机械厂长期股权投资
2. 换出资产账面价值：90万元
3. 换入资产名称：铣床
4. 换入资产账面原值：450万元，累计折旧330万元
5. 支付补价：甲方向乙方支付补价20万元

第二条 交付时间、地点
1. 交付时间：2019年6月20日
2. 交付地点：长春市东风大街
3. 交换方式：甲方自提
4. 运输方式：汽运

第四条 费用负担：甲方自担
第五条 补价支付时间：2016年6月20日

一式两份
互易方（签章）
单位名称（章）

资产交接清单

单位：万元

换入资产编号	名称	规格型号	入账价值	交付时间
001	铣床	RJ-001	110.00	2016/6/20
合计				

接收方：东北发动机有限公司　交出方：东北齿轮有限公司
接收人：张一　　　　　　　　监交人：王惠

资产交接清单

单位：万元

项目	名称	账面价值	处置原因	交付时间
长期股权投资	长春机械厂	90.00	资产置换	2016/6/20

接收方：东北齿轮有限公司　交出方：东北发动机有限公司

流程描述

NO.1 资产管理部非货币性资产交换协议。

NO.2 总经理办公会根据公司资产使用情况进行审批。

NO.3 资产管理部根据审核通过的协议，申请支付补价款。

NO.4 财务部长审批补价款。

NO.5 会计根据相关原始凭证进行相关账务处理。

NO.6 双方办理资产权属变更及交接手续。

期初资料——非货币性交易文件

以物易物协议

互易方（甲）：东北发动机有限公司

互易方（乙）：东北齿轮有限公司

经甲乙双方充分协商，甲方将持有的长期股权投资与乙方持有的一台固定资产——铣床进行交换，就资产交换事宜达成以下事宜，以便共同遵守。

第一条　基本资料

1.换出资产名称：持有的长春机械厂长期股权投资

2.换出资产账面价值：90万元

3.换入资产名称：铣床

4.换入资产账面原值：450万元，累计折旧330万元

5.支付补价：甲方向乙方支付补价20万元。

第二条　交付时间、地点

1.交付时间：2019年6月20日

2.交付地点：长春市东风大街

3.交货方式：甲方自提。

4.运输方式：汽运

第三条　费用负担：甲方自担

第四条　补价支付时间：2019年6月20日

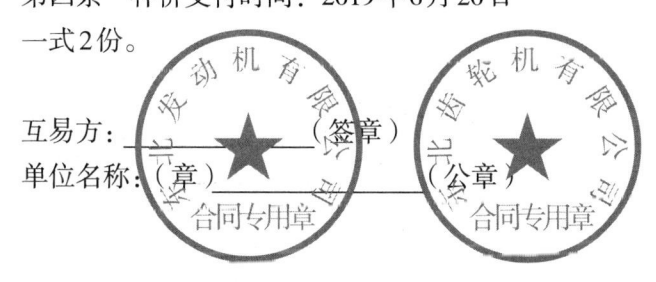

一式2份。

互易方：_____（签章）

单位名称：（章）　　　　　（公章）

资产交接清单

单位：万元

换入资产编号	名称	规格型号	入账价值	交付时间
001	铣床	M2-001	110.00	2019/6/20
合计			110.00	2019/6/20

接收方：东北发动机有限公司　　　交出方：东北齿轮有限公司

接收人：张一　　　　　　　　　　监交人：王惠

资产交接清单

单位：万元

项目	名称	账面价值	处置原因	交付时间
长期股权投资	长春机械厂	90.00	资产置换	2019/6/20

接收方：东北齿轮有限公司　　　交出方：东北发动机有限公司

接收人：张一　　　　　　　　　　监交人：王惠

期初资料

资产负债表

编制单位：东北发动机有限公司　　2019年5月31日　　　单位：元

资产	行次	期末余额	年初余额	负债和所有者权益（或股东权益）	行次	期末余额	年初余额
流动资产：	1			流动负债：	34		
货币资金	2	15 859 388.00	15 359 388.00	短期借款	35	20 000 000.00	20 000 000.00
交易性金融资产	3			交易性金融负债	36		
应收票据	4	3 000 000.00	3 000 000.00	应付票据	37	3 200 000.00	3 200 000.00
应收账款	5	4 068 662.00	4 848 662.00	应付账款	38	4 906 080.00	4 906 080.00
预付款项	6	9 382 616.00	9 382 616.00	预收款项	39	7 800 000.00	7 800 000.00
应收利息	7	0.00		应付职工薪酬	40	0.00	
应收股利	8	0.00		应交税费	41	1 400 022.00	1 400 022.00

续表

资产	行次	期末余额	年初余额	负债和所有者权益（或股东权益）	行次	期末余额	年初余额
其他应收款	9	35 000.00	35 000.00	应付利息	42	0.00	
存货	10	5 074 673.37	5 074 673.37	应付股利	43	8 000 000.00	8 000 000.00
流动资产合计	13	37 420 339.37	37 700 339.37	其他流动负债	46	0.00	
非流动资产：	14			流动负债合计	47	45 306 102.00	45 306 102.00
长期股权投资	15	900 000.00	900 000.00	非流动负债：	48	0.00	
固定资产	20	81 400 567.28	81 300 567.28	预计负债	53	0.00	
在建工程	21	6 551 813.57	6 551 813.57	递延收益	54	700 000.00	700 000.00
工程物资	22			其他非流动负债	55	0.00	
固定资产清理	23			非流动负债合计	56	700 000.00	700 000.00
生产性生物资产	24			负债合计	57	46 006 102.00	46 006 102.00
油气资产	25			所有者权益（或股东权益）：	58	0.00	
无形资产	26	8 162 960.13	8 162 960.13	实收资本（或股本）	59	80 000 000.00	80 000 000.00
递延所得税资产	30			盈余公积	63	8 350 000.00	8 350 000.00
其他非流动资产	31			未分配利润	64	259 578.35	259 578.35
非流动资产合计	32	97 015 340.98	96 915 340.98	所有者权益合计	65	88 609 578.35	88 609 578.35
资产总计	33	134 435 680.35	134 615 680.35	负债和所有者权益（或股东权益）总计	66	134 615 680.35	134 615 680.35

期初总账科目余额及发生额汇总表

单位名称：东北发动机有限公司　　　　2019年6月

序号	科目名称	科目代码	期初余额 借方	期初余额 贷方	本期发生额 借方发生额	本期发生额 贷方发生额	期末余额 借方	期末余额 贷方
1	库存现金	1001						
2	银行存款	1002	15 859 388.00					
3	其他货币资金	1012						
4	应收票据	1121	3 000 000.00					
5	应收账款	1122	4 068 662.00					

续表

序号	科目名称	科目代码	期初余额 借方	期初余额 贷方	本期发生额 借方发生额	本期发生额 贷方发生额	期末余额 借方	期末余额 贷方
6	预付账款	1123	9 482 616.00					
7	其他应收款	1221	35 000.00					
8	材料采购	1401						
9	原材料	1403	5 154 673.37					
10	材料成本差异	1404						
11	库存商品	1405						
12	长期股权投资	1501	900 000.00					
13	固定资产	1601	89 054 888.28					
14	累计折旧	1602		7 654 321.00				
15	在建工程	1604	6 551 813.57					
16	无形资产	1701	8 162 960.13					
17	累计摊销	1702						
18	待处理财产损溢	1901						
19	短期借款	2001		20 000 000.00				
20	应付票据	2201		3 200 000.00				
21	应付账款	2202		4 306 080.00				
22	预收账款	2203		7 200 000.00				
23	应付职工薪酬	2211						
24	应交税费	2221		1 500 022.00				
25	应付股利	2232		8 000 000.00				
26	其他应付款	2241						
27	递延收益	2401		700 000.00				
28	实收资本	4001		80 000 000.00				
29	资本公积	4002						
30	盈余公积	4101		8 350 000.00				
31	本年利润	4103						
32	利润分配	4104		1 359 578.35				
33	生产成本	5001						
34	研发支出	5301						
35	制造费用	5101						
36	主营业务收入	6001						
37	营业外收入	6301						
38	主营业务成本	6401						

续表

序号	科目名称	科目代码	期初余额 借方	期初余额 贷方	本期发生额 借方发生额	本期发生额 贷方发生额	期末余额 借方	期末余额 贷方
39	税金及附加	6403						
40	销售费用	6601						
41	管理费用	6602						
42	财务费用	6603						
43	以前年度损益调整	6901						
44	合计		142 270 001.35	142 270 001.35				

明细账期初余额明细表

2019年6月30日

一级科目 代码	一级科目 名称	一级科目 金额	二级科目 代码	二级科目 名称	二级科目 金额
1002	银行存款	15 859 388.00	100201	工商银行东风大街支行	15 859 388.00
1501	长期股权投资	900 000.00	150101	长春机械厂	900 000.00
1601	固定资产	86 221 110.98	160101	房屋建筑物	38 122 797.53
			160102	机械设备	48 098 313.45

原始凭证

电子银行业务回单（付款）

交易日期：2019年6月20日　　　　　　交易流水号：5278956121
付款人账号：2008 1665 8888 8888　　　收款人账号：2008 1665 8888 7777
付款人名称：东北发动机有限公司　　　收款人名称：张岚
付款人开户行：长春市工商银行东风大街支行　收款人开户行：长春市工商银行西朝阳路支行
币种：人民币　　金额：（大写）贰拾万元整　　　　　　（小写）¥：200 000.00

银行附言：
客户附言：支付换入资产补价
渠道：网上银行
记账流水号：1147521357000
电子凭证号：2131245121

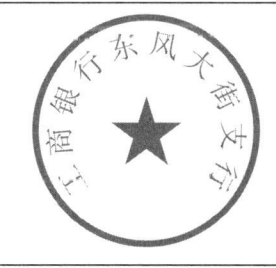

登录号：　　　　　　　网点编号：　　　　　　打印状态：第一次打印
客户验证码：　　　　　柜员号：　　　　　　　打印方式：　　打印日期：2019.6.20

30202 资金会计——研究开发费

经济业务	研究开发费	更新时间		经济业务摘要
岗　　位	资产	级　　别	高级	政府支持企业进行研究开发的项目核算
工作方式	手工 软件			

经济业务内容

东北发动机有限责任公司在政府的资助下进行四项研究开发项目。

经济业务处理要求

要求掌握政府拨款和研究开发项目全部过程的会计核算原则政策，了解政府拨款的接收、银行专户管理、拨款使用、研究开发项目的立项与验收等过程的会计核算和会计监督。

经济业务流程

东北发动机有限公司

流程名称：研究开发费	
流程代码：30802	
更新时间：2019年1月	
风险点：	

部门名称：财务部	审批人：柴章
主责岗位：资金会计	会 范婷 高翔 董芳 丁磊
编辑人：刘玉	签 邓欢 陈晓 陈曼 付晶

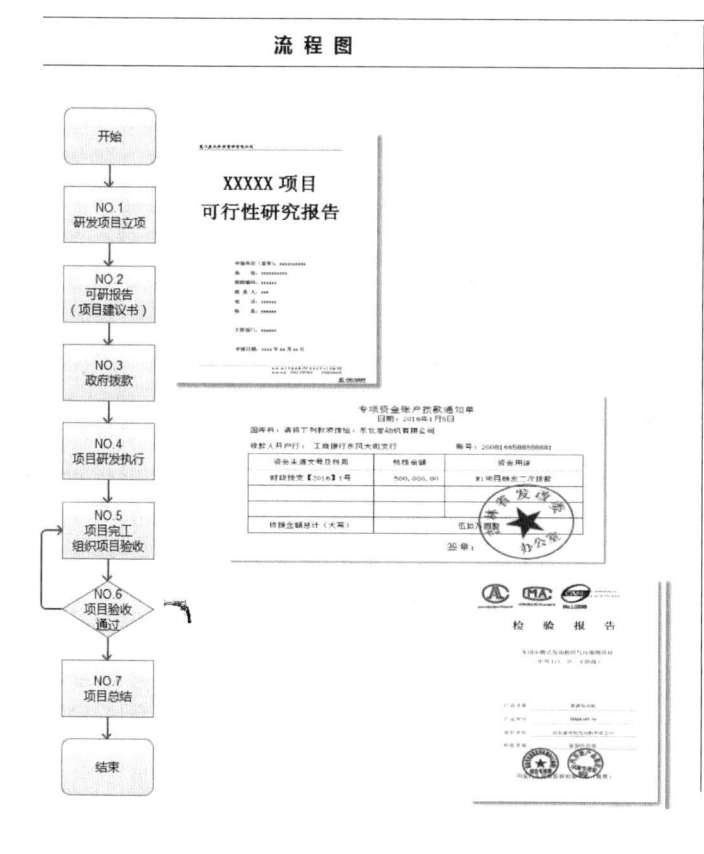

流 程 图	流程描述
开始 → NO.1 研发项目立项 → NO.2 可研报告（项目建议书）→ NO.3 政府拨款 → NO.4 项目研发执行 → NO.5 项目完工组织项目验收 → NO.6 项目验收通过 → NO.7 项目总结 → 结束	**NO.1** 按照政府投资政策进行项目立项 **NO.2** 出具可行性研究报告（项目建议书），对项目可行性，及投资回收进行全面论证。 **NO.3** 在获得政府批准的情况下，按程序获得政府研发项目拨款 **NO.4** 企业组织人员开展项目研发，同合作方签订协议并按完工进度向合作方支付款项，按项目预算支付本单位研发人员工资及各项费用。 **NO.5** 项目完工后，组织相关人员对项目进行验收。 **NO.6** （风险点管控措施）项目验收通过后转入相关部门对项目进行总结，不通过则重新组织验收。 **NO.7** 根据验收报告提供项目总结报告，会计人员根据所提供报告向资本性支出转无形资产，将费用支出及时转入管理费用，同时转销递延收益、转增营业外收入

期初资料

1. 投资计划表

东北发动机有限公司政府拨款资助研究开发项目资金情况一览表

2019年1月

单位：元

项目名称	项目性质	以前政府拨款	以前支出	期初研发支出资本化余额	期初专项存款余额	本期政府拨款	本期研发支出	专项存款期末余额
M1发动机开发	资本化	2 000 000	1 700 000	1 700 000	300 000	500 000	800 000	
M2发动机开发	资本化					1 000 000	900 000	100 000
M3发动机开发	费用化	1 900 000	400 000		1 500 000		850 000	650 000
M4发动机开发	费用化					520 000	31 000	489 000
合计		3 900 000	2 100 000	1 700 000	1 800 000	2 020 000	2 581 000	1 239 000

2019年吉林省发改委振兴东北老工业项目前期工作投资计划表

2019年1月

单位：元

序号	项目名称	项目承担单位	项目基本情况	预计项目总投资	项目前期工作形式	计划下达投资额	备注
1	精品钢铁研发项目	东北特钢集团	精品钢研发	—	研发		
2	高标准汽车生产线	鞍山通钢集团有限公司	精品钢铁研发	—	研发		
3	发动机研发项目	长春一汽	改造生产线	—	改造		
4	高标准农田整治	东北发动机有限公司	发动机研发	10 000 000.00	研发		
5	石油化工生产基地改造	东北农业科技有限公司	农田整治	—	整治		
		中国石油化工股份有限公司	基地改造	—	改造		

签章：（吉林省发改委办公室章）

2. 资产负债表

资产负债表

编制单位：东北发动机有限公司　　　　　　　2018年12月31日　　　　　　　　　　　　　　　单位：元

资产	行次	期末余额	年初余额	负债和所有者权益（或股东权益）	行次	期末余额	年初余额
流动资产：				流动负债：			
货币资金	1	15 859 388.00	15 459 388.00	短期借款	35	20 000 000.00	19 600 000.00
内部存款	2			累计折旧	36		
交易性金融资产	3			交易性金融负债	37		
应收票据	4	3 000 000.00	2 600 000.00	应付票据	38	3 200 000.00	3 000 000.00
应收账款	5	4 068 662.00	3 668 662.00	应付账款	39	2 306 080.00	1 906 080.00
预付款项	6	5 482 616.00	8 682 616.00	预收款项	40	7 200 000.00	6 800 000.00
应收利息	7			应付职工薪酬	41		
应收股利	8			应交税费	42	1 500 022.00	1 100 022.00
其他应收款	9	35 000.00	31 000.00	应付利息	43		
存货	10	5 154 673.37	4 754 673.37	应付股利	44		
一年内到期的非流动资产	11			其他应付款	45	8 000 000.00	7 600 000.00
其他流动资产	12			一年内到期的非流动负债	46		
流动资产合计	13	37 500 339.37	35 196 339.37	其他流动负债	47		
非流动资产：				流动负债合计	48	9 837 039.87	8 937 039.87
可供出售金融资产	14			非流动负债：	49	52 043 141.87	48 943 141.87
持有至到期投资	15			长期借款	50		
	16				51		

续表

资产	行次	期末余额	年初余额	负债和所有者权益（或股东权益）	行次	期末余额	年初余额
长期应收款	18			应付债券	52		
长期股权投资	19			长期应付款	53		
投资性房地产	20			专项应付款	54		
固定资产	21	97 394 085.16	97 794 085.16	预计负债	55		
减：累计折旧	22	17 693 517.88	17 293 517.88				
固定资产净值	23	79 700 567.28	80 500 567.28	递延收益	56	700 000.00	300 000.00
在建工程	24	6 551 813.57	6 151 813.57	其他非流动负债	57		
工程物资	25			非流动负债合计	58	700 000.00	300 000.00
固定资产清理	26			负债合计	59	52 743 141.87	49 243 141.87
生产性生物资产	27			所有者权益（或股东权益）：	60		
油气资产	28	18 000 000.00	17 600 000.00	实收资本（或股本）	61	80 000 000.00	80 000 000.00
无形资产	29	1 700 000.00		资本公积	62		
开发支出	30			减：库存股	63		
商誉	31			专项设备	64		
长期待摊费用	32			盈余公积	65	8 350 000.00	7 950 000.00
递延所得税资产	33			未分配利润	66	2 459 578.35	2 255 578.35
其他非流动资产	34	105 952 380.85	104 252 380.85	所有者权益（或股东权益）合计	67	90 809 578.35	90 205 578.35
非流动资产合计		143 552 720.22	139 448 720.22	负债和所有者权益（或股东权益）总计	68	143 552 720.22	139 448 720.22
资产总计							

3. 总账科目余额及发生额汇总表

总账科目余额及发生额汇总表

单位名称：东北发动机有限公司　　　　2019年1月

序号	科目名称	科目代码	期初余额 借方	期初余额 贷方	借方发生额	贷方发生额	期末余额 借方	期末余额 贷方
1	库存现金	1001	21 188.00	—				
2	银行存款	1002	15 838 200.00	—				
3	应收票据	1121	3 000 000.00	—				
4	应收账款	1122	4 068 662.00	—				
5	预付账款	1123	9 482 616.00	—				
6	其他应收款	1221	35 000.00	—				
7	原材料	1403	3 442 272.00	—				
8	材料成本差异	1404	40 001.37	—				
9	库存商品	1405	1 352 400.00	—				
10	固定资产	1601	97 394 085.16	—				
11	累计折旧	1602	—	17 693 517.88				
12	在建工程	1604	6 551 813.57	—				
13	无形资产	1701	18 000 000.00	—				
14	累计摊销	1702	—	9 837 039.87				
15	短期借款	2001	—	20 000 000.00				
16	应付票据	2201	—	3 200 000.00				
17	应付账款	2202	—	2 306 080.00				
18	预收账款	2203	—	7 200 000.00				
19	应交税费	2221	—	1 500 022.00				
20	应付股利	2232	—	8 000 000.00				
21	递延收益	2401	—	700 000.00				
22	实收资本	4001	—	80 000 000.00				
23	盈余公积	4101	—	8 350 000.00				
24	利润分配	4104	—	2 459 578.35				
25	生产成本	5001	320 000.00	—				
26	研发支出	5301	1 700 000.00	—				
	合计		161 246 238.10	161 246 238.10				

4. 明细账期初余额明细表

总账、明细账期初余额明细表

单位名称：东北发动机有限公司　　　　2019年1月1日　　　　　　　　　　单位：元

一级科目			二级科目		
代码	名称	金额	代码	名称	金额
1002	银行存款	15 838 200.00	100201	政府补助项目专用账户	300 000.00
			100202	政府补助项目专用账户	
			100203	政府补助项目专用账户	1 500 000.00
			100204	政府补助项目专用账户	
			100205	基本户	14 038 200.00
1701	无形资产	18 000 000.00			
1702	累计摊销	9 837 039.87			
2401	递延收益	700 000.00			
5301	研发支出	1 700 000.00	530101	资本化M1	1 700 000.00

一、M1发动机研发项目

1. 收到吉林省发改委二次拨款

原始凭证：

发改委拨款通知单

专项资金账户拨款通知单

日期：2019年1月5日

国库科：请将下列款项拨给：东北发动机有限公司

收款人开户行：工商银行东风大街支行　　　　　　　账号：2008166588888881

资金来源文号及性质	核拨金额	资金用途
财政拨支〔2019〕1号	500 000.00	M1项目研发二次拨款
核拨金额总计（大写）	伍拾万元整	

签章：

银行收款回单

电子银行业务回单（收款）

交易日期：2019/1/5	交易流水号：2019010100001
付款人账号：	收款人账号：2008166588888881
付款人名称：省发改委	收款人名称：东北发动机有限公司
付款人开户行：	收款人开户行：工商银行东风大街支行
币种：人民币　金额：（大写）伍拾万元整	（小写）¥ 500 000.00

用途	发动机研发费用
附言	M1发动机
备注	M1项目研发二次

登录号：02010　　　　网点编号：03　　　　打印状态：

客户验证码：789678　　柜员号：02　　　　打印方式：　　打印日期：2019/1/5

2. 付研发配件款

原始凭证：

活塞连杆验收报告

东北发动机有限公司研发项目验收报告

验收单位：东北发动机有限公司

项目名称	发动机活塞连杆
研发时间	2018年12月10日
规格型号	TH16.U464.03
产品主要功能与用途	汽车发动机配件
主要设计技术参数	150//5800（DX和LX车型）；
验收部门	研发部
验收时间	2019年1月19日

验收人员：张晓楠　李一奇　　　　　　　　部门领导：张顺治

签　章

付款审批单

付 款 审 批 单

部门：研发部　　　　　　　　　2019年1月7日

收款单位	苏州连杆集团公司	付款理由：M1项目发动机活塞连杆研发费用		
开户银行	中国银行苏州工业园支行	付款方式：转账		
银行账号	6831030004013	说明：已验收		
金额	人民币（大写）	捌拾万元整	￥800 000.00	
总经理审批	财务部长	部门经理		经办人
马实	柴章	张顺治		张晓楠

银行付款回单

电子银行业务回单（付款）

交易日期：2019/1/7		交易流水号：2019010100011	
付款人账号：2008166588888881		收款人账号：6831030004013	
付款人名称：东北发动机有限公司		收款人名称：苏州连杆集团公司	
付款人开户行：工商银行东风大街支行		收款人开户行：中国银行苏州工业园支行	
币种：人民币　金额：（大写）捌拾万元整			（小写）¥：800 000.00
用途	发动机活塞连杆研发费用		
附言			
备注	M1项目		

登录号：02010　　网点编号：03　　　　　打印状态：
客户验证码：789678　柜员号：02　　打印方式：　打印日期：2019/1/7

发票

增值税普通发票

1100147642　　　　　发票联　　　　No.70093461　　1100147642
　　　　　　　　　　　　　　　　　　　　　　　　　70093461

开票日期：2019年1月7日

名　称	东北发动机有限公司	密码区	554+55+38998954513301/<5>8653033/8<80+83267166659824835646213 50828+26*1/3+>>70484*/1<01598*/*/ <5>6*>/>831>49+834*14<<>*53862
税　号	220117709854834		
地址、电话	长春市东风大街1888号		
开户行及账号	工商银行东风大街支行 2008 1665 8888 8888		

货物或应税劳务、服务名称	规格型号	单位	数量	单价	金额	税率	税额
技术服务费				776 699.03	776 699.03	3%	23 300.97
合　计			1	776 699.03	776 699.03		23 300.97

价税合计（大写）　　捌拾万元整　　　　　　　　　　（小写）¥800 000.00

名　称	苏州连杆集团公司	备注	项目：M1发动机活塞连杆研发费用
税　号	420000046465000		
地址、电话	苏州市工业园区1305号 0512-81006481		
开户行及账号	中国银行苏州工业园支行 6831030004013		

收款人：王玉民　　复核人：王月如　　开票人：高里宇　　销货单位（章）：

第三联：发票联 购货方记账凭证

3. M1 发动机研发项目验收

原始凭证：

    M1 发动机验收报告

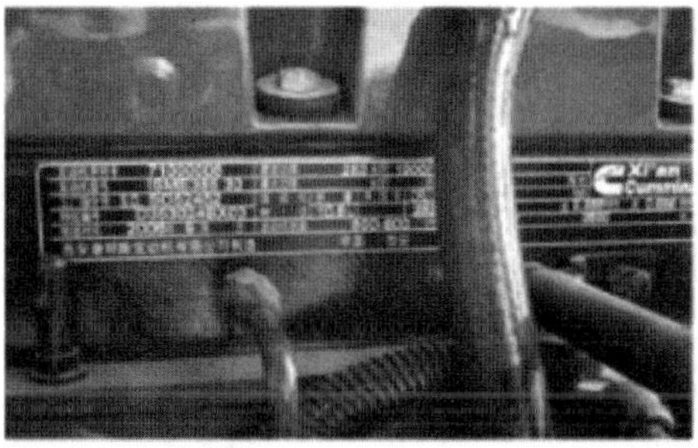

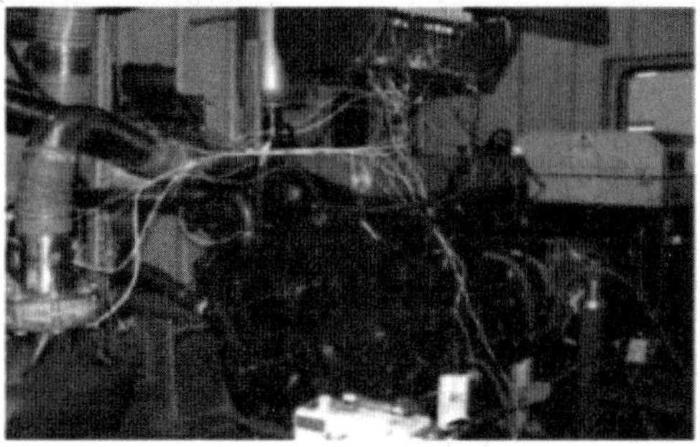

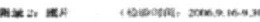

二、M2 发动机研发项目

1. 收到吉林省发改委首次拨款

原始凭证

发改委拨款通知单

专项资金账户拨款通知单

日期：2019年1月15日

国库科：请将下列款项拨给：东北发动机有限公司

收款人开户行：工商银行东风大街支行　　　　　　账号：2008166588888882

资金来源文号及性质	核拨金额	资金用途
财政拨支〔2019〕4号	1 000 000.00	M2项目研发首次拨款
核拨金额总计（大写）	壹佰万元整	

签章：

银行收款回单

电子银行业务回单（收款）

交易日期：2019/1/15	交易流水号：2019010100001
付款人账号：	收款人账号：2008166588888882
付款人名称：省发改委	收款人名称：东北发动机有限公司
付款人开户行：	收款人开户行：工商银行东风大街支行
币种：人民币　金额：（大写）壹佰万元整	（小写）¥ 1 000 000.00
用途	发动机研发费用
附言	
备注	M2项目首次拨款

登录号：02010　　　　　网点编号：03　　　　　打印状态：

客户验证码：789678　　　柜员号：02　　　　　　打印方式：　　　打印日期：2019/1/15

2.付研发配件款

原始凭证：

气缸体总成验收报告

东北发动机有限公司研发项目验收报告

验收单位：东北发动机有限公司

项目名称	气缸体总成
研发时间	2018年11月30日
规格型号	TH16.U464.03
产品主要功能与用途	汽车发动机配件
主要设计技术参数	150//5800（DX 和 LX 车型）
验收小组主要成员	
验收时间	2019年1月17日

验收人员：张晓楠　李一奇　　　　　　　　　部门领导：张顺治

　　　　　　　　　　　　　　　　　　　　　　签　章

付款审批单

付 款 审 批 单

部门：研发部　　　　　　2019年1月18日

收款单位	成都铸造厂	付款理由：气缸体总成试验费用	
开户银行	建设银行成都市大东区支行	付款方式：转账	
银行账号	1546054000461	说明：已验收	
金额	人民币（大写）	玖拾万元整	￥900 000.00
总经理审批	财务部长	部门经理	经办人
马实	柴章	张顺治	张晓楠

银行付款回单

电子银行业务回单（付款）

交易日期：2019/1/18	交易流水号：2019010100014
付款人账号：2008166588888882	收款人账号：1546054000461
付款人名称：东北发动机有限公司	收款人名称：成都铸造厂
付款人开户行：工商银行东风大街支行	收款人开户行：建设银行成都市大东区支行
币种：人民币 金额：（大写）玖拾万元整	（小写）¥：900 000.00
用途	气缸体总成试验费用
附言	
备注	M2项目

登录号：02010　　网点编号：03　　打印状态：
客户验证码：789678　　柜员号：02　　打印方式：　　打印日期：2019/1/18

发票

增值税普通发票

1100147642　　发票联　　No.75800461　　1100147642
　　　　　　　国家税务总局监制　　　　　　　　75800461

开票日期：2019年1月18日

名称	东北发动机有限公司	密码区	554+55+38998954513301/<5>8653033/8<80+83267166659824835646213 50828+26*1/3+>>70484*/1<01598*/*/<5>6*>/>831>49+834*14<<>*53862
税号	220117709854834		
地址、电话	长春市东风大街1888号		
开户行及账号	工商银行东风大街支行 2008 1665 8888 8888		

货物或应税劳务、服务名称	规格型号	单位	数量	单价	金额	税率	税额
技术服务费			1	873 786.4	873 786.40	3%	26 213.60
合　计			1	873 786.40	873 786.40		26 213.60
价税合计（大写）	玖拾万元整				（小写）¥900 000.00		

名称	成都铸造厂	备注	项目：M2发动机气缸体总成研发费用
税号	210000546463138		
地址、电话	成都市大东区上海路1006号 028-64813455		
开户行及账号	建设银行成都大东区支行 154605400061		

收款人：邓小天　　复核人：王月　　开票人：高宇　　销货单位（章）：

三、M3发动机研发项目

付研发配件款

原始凭证：

缸盖毛坯验收报告

东北发动机有限公司研发项目验收报告

验收单位：东北发动机有限公司

项目名称	发动机缸盖毛坯
研发时间	2018年12月10日
规格型号	TH16.U464.03
产品主要功能与用途	汽车发动机配件
主要设计技术参数	150//5800（DX和LX车型）
验收小组主要成员	
验收时间	2019年1月19日

验收人员：张晓楠　李一奇　　　　　　　　部门领导：张顺治

签　章：

付款审批单

付 款 审 批 单

部门：研发部　　　　2019年1月20日

收款单位	东北铸造厂	付款理由：缸盖毛坯研发费用	
开户银行	招商银行长春一汽支行	付款方式：转账	
银行账号	1245400065040	说明：已验收	
金额	人民币（大写）	捌拾伍万元整	￥850 000.00
总经理审批	财务部长	部门经理	经办人
马实	柴章	张顺治	张晓楠

银行付款回单

电子银行业务回单（付款）

交易日期：2019/01/20		交易流水号：2019010100014	
付款人账号：2008166588888883		收款人账号：1245400005040	
付款人名称：东北发动机有限公司		收款人名称：东北铸造厂	
付款人开户行：工商银行东风大街支行		收款人开户行：招商银行长春一汽支行	
币种：人民币　金额：（大写）捌拾伍万元整		（小写）¥ 850 000.00	
用途	缸盖毛坯研发费用		
附言			
备注	M3项目		

登录号：02010　　网点编号：03　　　　　　打印状态：
客户验证码：789678　柜员号：02　打印方式：　打印日期：2019/1/20

发票

增值税普通发票

1100147642　　发票联　　No.75800461　　1100147642
　　　　　　　　　　　　　　　　　　　　　　72393369

开票日期：2019年1月20日

名称	东北发动机有限公司	密码区	554+55+38998954513301/<5>865303 3/8<80+83267166659824835646213 50828+26*1/3+>>70484*/1<01598*/*/ <5>6*>/>831>49+834*14<<*>53862
税号	220117709854834		
地址、电话	长春市东风大街1888号		
开户行及账号	工商银行东风大街支行 2008 1665 8888 8888		

货物或应税劳务、服务名称	规格型号	单位	数量	单价	金额	税率	税额
技术服务费			1	825 242.72	825 242.72	3%	24 757.28
合计			1	825 242.72	825 242.72		24 757.28

价税合计（大写）　捌拾伍万元整　　　　　　　（小写）¥850 000.00

名称	东北铸造厂	备注	项目：缸盖毛坯研发项目
税号	130643133350004		
地址、电话	吉林省长春市东风大街2001号 0431-84624810		
开户行及账号	招商银行长春一汽支行 1245400065040		

收款人：邓小天　　复核人：王月　　开票人：高宇　　销货单位（章）：

四、M4发动机研发项目

1. 收到吉林省发改委二次拨款

原始凭证：

　　发改委拨款通知单

专项资金账户拨款通知单

日期：2019年1月22日

国库科：请将下列款项拨给：东北发动机有限公司

收款人开户行：工商银行东风大街支行　　　　　账号：2008166588888883

资金来源文号及性质	核拨金额	资金用途
财政拨支〔2019〕10号	520 000.00	M4项目研发二次拨款
核拨金额总计（大写）	伍拾贰万元整	

签章：（吉林省发改委办公室）

银行收款回单

电子银行业务回单（收款）

交易日期：2019/1/22	交易流水号：2019010100001
付款人账号：	收款人账号：2008166588888884
付款人名称：省发改委	收款人名称：东北发动机有限公司
付款人开户行：	收款人开户行：工商银行东风大街支行
币种：人民币　金额：（大写）伍拾贰万元整　　　　（小写）¥：520 000.00		
用途	二期研发费用	
附言		
备注	M4项目	

登录号：02010	网点编号：03	打印状态：
客户验证码：789678	柜员号：02	打印方式：　　打印日期：2019/1/22

2.付研发配件款

原始凭证：

付款审批单

付 款 审 批 单

部门：研发部　　　　　　　　　　　2019年1月20日

收款单位	成都铸造厂		付款理由：购入气缸体总成配件	
开户银行	建设银行成都市大东区支行		付款方式：转账	
银行账号	1546054000461		说明：已验收	
金额	人民币（大写）	叁万壹仟元整		￥31 000.00
总经理审批		财务部长	部门经理	经办人
马实		柴章	张顺治	李一奇

银行收款回单

电子银行业务回单（付款）

交易日期：2019/1/22	交易流水号：2019010100014
付款人账号：2008166588888884	收款人账号：1546054000461
付款人名称：东北发动机有限公司	收款人名称：成都铸造厂
付款人开户行：工商银行东风大街支行	收款人开户行：建设银行成都市大东区支行
币种：人民币　金额：（大写）叁万壹仟元整	（小写）￥：31 000.00
用途	购入气缸体总成配件
附言	
备注	M4项目

登录号：02010　　　　　网点编号：03　　　　　打印状态：
客户验证码：789678　　　柜员号：02　　　　　打印方式：　　打印日期：2019/1/22

发票

增值税专用发票

1100147642　　　　　　　　发票联　　　　　　No.34728789　　1100147642
　　　　　　　　　　　　　　　　　　　　　　　　　　　　　　　　　34728789

开票日期：2019年1月22日

名　称	东北发动机有限公司	密码区	554+55+38998954513301/<5>865303 3/8<80+832671666598248356462135 0828+26*1/3+>>70484*/1<01598*/* <5>6*>/>831)49+834*14<<>*53862
税　号	220117709854834		
地址、电话	长春市东风大街1888号		
开户行及账号	工商银行东风大街支行2008 1665 8888 8888		

货物或应税劳务、服务名称	规格型号	单位	数量	单价	金额	税率	税额
技术服务费			1	30 097.09	30 097.09	3%	902.91
合　　计			1	30 097.09	30 097.09		902.91
价税合计（大写）	叁万壹仟元整				（小写）¥31 000.00		

名　称	成都铸造厂	备注	项目：M4发动机气缸体研发项目
税　号	210000546463138		
地址、电话	成都市大东区上海路1006号 028-64813455		
开户行及账号	建设银行成都大东区支行154605400061		

收款人：邓小天　　复核人：王月　　开票人：高宇　　销货单位（章）：

第三联：发票联　购货方记账凭证

气缸体总成验收报告

东北发动机有限公司研发项目验收报告

验收单位：东北发动机有限公司

项目名称	气缸体总成
研发时间	2018年12月25日
规格型号	TH16.U469.03
产品主要功能与用途	汽车发动机配件
主要设计技术参数	150//5800（DX和LX车型）
验收小组主要成员	
验收时间	2019年1月22日

验收人员：张晓楠　李一奇　　　　　　　　部门领导：张顺治

　　　　　　　　　　　　　　　　　　　　　　签　章：

30203 资金会计——公司上市

经济业务	公司A股上市融资	更新时间		经济业务摘要
岗　位	资金会计	级　别	高级	公司通过证监会审核，成功上市融资
工作方式	手工、软件			

经济业务内容

东北发动机股份有限公司在上海证券交易所成功发行股票，共计发行2 200万股，发行价每股15元，其中股本2 200万元，股本溢价30 800万元，发行费用共计1 690万元，募投资金用于新厂房建设。

经济业务处理要求

了解公司上市流程，根据相关原始凭证，进行如下业务处理：
1. 对发行股票的股本及溢价进行账务处理。
2. 对发行股票的各种费用进行账务处理。
3. 对募投资金专户的存储进行账务处理。
4. 偿还事前垫付的募投资金项目的账务处理。

经济业务流程

东北发动机股份有限公司

流程名称：公开发行股票
流程代码：30203
更新时间：2018年12月
风险点：

部门名称：财务部	审批人：柴章
主责岗位：综合	会签：范婷、高翔、董芳、丁磊、邓欢、陈晓、陈曼、刘玉
编辑人：付晶	

流程图

开始 → NO.1 证券部起草上市方案 → NO.2 股东大会通过 → NO.3 聘请上市资质中介机构 → NO.4 中介机构尽调通过 → NO.5 中介出具上市所需文件报告 → NO.6 向中国证监会提交申报材料 → NO.7 证监会沟通反馈通过 → NO.8 发行上市 → NO.9 募集资金到位收款账务处理 → 结束

（分支：推迟/放弃上市）

流程描述

NO.1 证券部起草上市方案，确定上市基准日，募集资金项目，募资额，公开发行股票数量等等。

NO.2 股东大会审议通过上市方案，未通过的，证券部重新起草方案。

NO.3 聘请具有证券执业资质券商、律师、会计师、评估师四方中介，签订服务协议。

NO.4 三方中介机构对公司进行全面尽职调查，梳理公司组织架构，确定合规性。对不符合上市条件的，终止尽调。

NO.5 会计师对基准日财务报表进行审计并出具审计报告，律师出具法律意见书，评估师根据审计结果出具资产评估报告，券商出具招股说明书。

NO.6 向中国证监会递交上市申报材料，证监会进行审核并反馈意见，发审委开发审会，公司现场答疑，过会。

NO.7 发审委审核通过后，公开发行上市。

NO.8 发审委审核通过后，公开发行上市。

NO.9 募集资金到位，会计进行收款的账务处理，对已支付并挂账的上市费用，过会的，有溢价的冲减资本公积——股本溢价，无溢价的，冲减股本。未过会的，转入当期损益。

期初资料（上市相关文件）

东北发动机股份有限公司关于股改的股东大会决议

东北发动机股份有限公司股改股东会会议通知于2019年9月5日以专人送达、电子邮件等方式送达全体股东、董事、监事、总经理及其他高级管理人员。2019年10月30日，会议如期在公司主楼三楼会议室举行，会议出席股东共计7人，代表有表决权的股份总额15 402万股，全体董事、监事出席本次会议，总经理、其他高级管理人员及有关人员列席了本次会议。会议的召集、召开符合有关法律、法规和公司章程的规定。会议由董事长马实先生主持，会议以记名投票表决方式通过了以下提案：

一、《关于东北发动机股份有限公司A股上市的议案》

表决结果：15 402万股同意，0万股反对，0万股弃权。该议案已通过。

二、《关于设定2019年11月30日为上市基准日的议案》

表决结果：15 402万股同意，0万股反对，0万股弃权。该议案已通过。

三、《关于聘请长春市美达会计师事务所、长春市光华资产评估有限公司、华龙证券有限责任公司、北京大成律师事务所四家中介机构的议案》

表决结果：15 402万股同意，0万股反对，0万股弃权。该议案已通过。

股东签字：

吉林省国有资产管理有限公司

首都汽车制造有限公司

马实　　　　　　　　　　　付忠　　　　　　　　　　　张兴国

楚浩然　　　　　　　　　　程菲

一、吉林省国资委关于上市的批复

吉林省国有资产监督管理委员会

国资改〔2019〕93号

关于东北发动机有限公司
国有股权管理有关问题批复

东北发动机有限公司：

你公司《关于东北发动机有限公司A股上市的申请》收悉，经吉林省国资委研究决定，同意上市。

此复。

吉林省国有资产监督管理委员会
二零一九年九月二十六日

二、三年一期审计报告摘录

审计报告

长美达审字〔2019〕第098号

东北发动机股份有限公司全体股东：

我们审计了后附的东北发动机股份有限公司（以下简称东北发动机公司）2017年、2018年、2019年11月的资产负债表、2017年至2019年11月的利润表、现金流量表以及财务报表附注（以下统称"财务报表"）。

一、管理层对财务报表的责任

按照企业会计准则的规定，编制财务报表是东北发动机有限公司管理当局的责任。这种责任包括：（1）设计、实施和维护与财务报告编制相关的内部控制，以使财务报表不存在由于舞弊或错误而导致的重大错报；（2）选择和运用恰当的会计政策；（3）作出合理的会计估计。

二、注册会计师的责任

我们的责任是在实施审计工作的基础上对财务报表发表审计意见。我们按照中国注册会计师审计准则的规定执行了审计工作。中国注册会计师审计准则要求我们遵守职业道德规范，计划和实施审计工作以对财务报表是否不存在重大错报获取合理保证。

审计工作涉及实施审计程序，以获取有关财务报表金额和披露的审计证据。选择的审计程序取决于注册会计师的判断，包括对由于舞弊或错误导致的财务报表重大错报风险的评估。在进行风险评估时，我们考虑与财务报表编制相关的内部控制，以设计恰当的审计程序，但目的并非对内部控制的有效性发表意见。审计工作还包括评价管理层选用会计政策的恰当性和作出会计估计的合理性，以及评价财务报表的总体列报。

我们相信，我们获取的审计证据是充分、适当的，为发表审计意见提供了基础。现已审计完毕，情况报告如下：

三、审计意见

我们认为，东北发动机股份有限公司财务报表在所有重大方面按照企业会计准则的规定编制，公允反映了东北发动机股份有限公司2017年至2019年11月30日的财务状况以及2017年至2019年11月的经营成果和现金流量。

长春市美达会计师事务所有限公司　　　　　中国注册会计师：杨洋
　　中国　长春　　　　　　　　　　　　　中国注册会计师：金鑫
　　　　　　　　　　　　　　　　　　　　　　　2019年12月6日

三、资产评估报告摘录

东北发动机股份有限公司上市评估报告书

长光华评报字〔2019〕第08号

长春市光华资产评估有限公司（以下简称"本公司"）接受东北发动机股份有限公司（以下简称"贵公司"）的委托，依据国家有关资产评估的法律、法规和政策，本着独立、客观、公正、科学的原则，运用法定或公允的方法及程序，对贵公司拟出售其所持有的东北发动机有限公司股权所涉及的资产和负债进行了评估工作。在委托方、资产占有方有关人员密切配合和大力协助下，本公司评估人员对委托评估资产进行了实地查看与核对，同时进行了必要的市场调查以及我们认为需要实施的其他评估程序，对委估资产和负债在评估基准日2019年11月30日所表现的市场公允价值做出了公允反映，现将资产评估情况及评估结果报告如下：

一、委托方、资产占有方及其他评估报告使用者简介

委托方：东北发动机股份有限公司

注册地址：长春市东风大街1888号

注册资本：壹亿伍仟肆佰零贰万元整

企业类型：股份有限公司

经营范围：开发、销售各类发动机及其零配件、机械产品、高科技产品；机械项目的投资、经营管理及相关高新技术产业开发。

二、评估目的

本次评估的目的是确定东北发动机股份有限公司的资产和负债在评估基准日的市场价值，为东北发动机有限公司上市发行股票提供价值参考依据。

三、评估对象和范围

本次评估对象为：以2019年11月31日为基准日的东北发动机有限公司的净资产。

评估范围为：东北发动机有限公司所申报的经长春市美达会计师事务所有限公司审计后的资产及负债。

四、评估结论

截至评估基准日2019年11月31日，在持续使用前提下，东北发动机股份有限公司委估资产：账面值348 302 211.51元，调整后账面值348 302 211.51元，评估值370 990 690.81元，增值22 688 479.3元，增值率6.51%；负债：账面值184 671 474.70元，调整后账面值184 671 474.70元，评估值184 671 474.70元，

增值率0%；净资产：账面值163 630 736.81元，调整后账面值163 630 736.81元，评估值186 319 216.11元，增值22 688 479.30元，增值率13.87%。具体见下表。

资产评估结果汇总表

评估基准日：2019年11月30日

资产占有单位名称：东北发动机股份有限公司　　　　　　　　　金额单位：人民币元

项　目		账面价值 A	调整后账面值 B	评估价值 C	增减值 D=C-B	增值率（%）
流动资产	1	182 029 729.22	182 029 729.22	182 029 729.22	0.00	0.00
固定资产	4	158 162 632.40	158 162 632.40	168 998 765.00	10 836 132.60	6.85
其中：在建工程	5	76 551 813.57	76 551 813.57	76 551 813.57	0.00	0.00
建筑物	6	81 610 818.83	81 610 818.83	92 121 110.17	10 510 291.34	12.88
设备	7		0.00		0.00	
无形资产	8	8 067 114.85	8 067 114.85	19 919 461.55	11 852 346.70	146.92
其中：土地使用权	9	8 067 114.85	8 067 114.85	19 919 461.55	11 852 346.70	146.92
其他资产	10	42 735.04	42 735.04	42 735.04	0.00	0.00
资产总计	11	348 302 211.51	348 302 211.51	370 990 690.81	22 688 479.30	6.51
流动负债	12	183 071 474.70	183 071 474.70	183 071 474.70	0.00	0.00
负债总计	14	184 671 474.70	184 671 474.70	184 671 474.70	0.00	0.00
净资产	15	163 630 736.81	163 630 736.81	186 319 216.11	22 688 479.30	13.87

法定代表人：张梵（印）

签字注册资产评估师：于晓丽

签字注册资产评估师：孙铭阳

长春市光华资产评估有限公司

2019年12月10日

四、招股说明书摘录

东北发动机股份有限公司首次公开发行股票
招股说明书

保荐人（主承销商）： 华龙证券有限责任公司

注册地址：甘肃省兰州市宁静路208号

【发行概况】

发行股票类型	人民币普通股（A）
发行股数	22 000 000股，占发行后总股本的14.08%
每股面值	人民币1元
每股发行价格	通过向询价对象询价确定发行价格区间，在发行价格区间内，根据询价结果和市场情况确定发行价格
预计发行日期	2019年12月15日
拟申请上市证券交易所	上海证券交易所
发行后总股本	以截至本招股意向书签署日的总股本计算，发行后总股本156 220 000股
本次发行前股东所持股份的流通限制和自愿锁定股份的承诺	发行人吉林省国有资产管理有限公司、首都汽车制造有限公司承诺：所持本公司股份自公司股票上市之日起三十六个月内不转让或者委托他人管理其持有的本公司股份，也不由本公司回购其持有的股份；马实、付忠先生承诺其持有的本公司股份自公司股票上市之日起十二月内不转让；张兴国、楚浩然、程菲先生承诺所持股份在本公司股票上市之日起十二月内及离职后半年内不转让，且在任职期内每年转让的股份不超过其所持有股份的25%，并且在卖出后六个月内不再行买入本公司股份，买入后六个月内不再行卖出本公司股份。公司全体股东已承诺遵守上述承诺。
保荐人（主承销商）	华龙证券有限责任公司
招股说明书签署日期	2019年10月7日

五、中国证监会核准上市批复

中国证券监督管理委员会

证监许可〔2019〕1456号

关于核准东北发动机股份有限公司首次公开发行股票的批复

东北发动机股份有限公司：

你公司报送的《东北发动机股份有限公司关于首次公开发行A股股票并在创业板上市的申请报告》（蓝海证〔2019〕016号）及相关文件收悉。根据《公司法》《证券法》和《首次公开发行股票并在创业板上市管理办法》（证监会令第123号）等有关规定，经审核，现批复如下：

一、核准你公司公开发行新股不超过6 000万股。

二、你公司本次发行股票应严格按照报送我会的招股说明书和发行承销方案实施。

三、本批复自核准发行之日起12个月内有效。

四、自核准发行之日起至本次股票发行结束前，你公司如发生重大事项或者财务报表超过有效期，应及时报告我会并按有关规定处理。

六、募集资金三方监管协议

募集资金三方监管协议

甲方：东北发动机股份有限公司　　　　　（以下简称"甲方"）
乙方：工行长春分行　　　　　　　　　　（以下简称"乙方"）
丙方：华龙证券有限责任公司（保荐人）　（以下简称"丙方"）

为规范甲方募集资金管理，保护中小投资者的权益，根据有关法律法规及深圳证券交易所《中小企业板上市公司募集资金管理细则》的规定，甲、乙、丙三方经协商，达成如下协议：

一、甲方已在乙方开设募集资金专项账户（以下简称"专户"），账号为 4200224109000066666，截至 2019 年 3 月 15 日，专户余额为 31 234 万元。该专户仅用于甲方传统项目、互联网项目、软件项目募集资金的存储和使用，不得用作其他用途。

甲方以存单方式存放的募集资金万元（若有），开户日期为年月日，期限__个月。甲方承诺上述存单到期后将及时转入本协议规定的募集资金专户进行管理或以存单方式续存，并通知丙方。甲方存单不得质押。

二、甲乙双方应当共同遵守《中华人民共和国票据法》《支付结算办法》《人民币银行结算账户管理办法》等法律、法规、规章。

三、丙方作为甲方的保荐人，应当依据有关规定指定保荐代表人或其他工作人员对甲方募集资金使用情况进行监督。丙方应当依据《中小企业板上市公司募集资金管理细则》以及甲方制定的募集资金管理制度履行其督导职责，并有权采取现场调查、书面问询等方式行使其监督权。甲方和乙方应当配合丙方的调查与查询。丙方每季度对甲方现场调查时应同时检查募集资金专户存储情况。

四、甲方授权丙方指定的保荐代表人郭喜明、朱彤可以随时到乙方查询、复印甲方专户的资料；乙方应及时、准确、完整地向其提供所需的有关专户的资料。

保荐代表人向乙方查询甲方专户有关情况时应出具本人的合法身份证明；丙方指定的其他工作人员向乙方查询甲方专户有关情况时应出具本人的合法身份证明和单位介绍信。

五、乙方按月（每月 2 日之前）向甲方出具对账单，并抄送丙方。乙方应保证对账单内容真实、准确、完整。

六、甲方一次或12个月以内累计从专户中支取的金额超过 1 000 万元（按照孰低原则在 1 000 万元或募集资金净额的 5% 之间确定）的，乙方应及时以传真方式通知丙方，同时提供专户的支出清单。

七、丙方有权根据有关规定更换指定的保荐代表人。丙方更换保荐代表人的，应将相关证明文件书面通知乙方，同时按本协议第十一条的要求向甲方、乙方书面通知更换后的保荐代表人联系方式。更换保荐代表人不影响本协议的效力。

八、乙方连续三次未及时向丙方出具对账单或向丙方通知专户大额支取情况，以及存在未配合丙方调查专户情形的，甲方有权单方面终止本协议并注销募集资金专户。

九、本协议自甲、乙、丙三方法定代表人或其授权代表签署并加盖各自单位公章之日起生效，至专户资金全部支出完毕并依法销户或丙方督导期结束之日（2019年12月31日）起失效。

十、本协议一式**捌份**，甲、乙、丙三方各持一份，向深圳证券交易所、中国证监会吉林监管局各报备一份，其余留甲方备用。

甲方：东北发动机股份有限公司（盖章）

法定代表人或授权代表：马实

2019年12月5日

乙方：中国工商银行股份有限公司长春分行（盖章）

法定代表人或授权代表：陈曦

2019年12月5日

丙方：华龙证券有限责任公司（盖章）

法定代表人或授权代表：陆伟

2019年12月5日

东北发动机股份有限公司第二届董事会第二次会议
关于募集资金使用计划的议案

根据《东北发动机股份有限公司首次公开发行股票招股说明书》，并结合东北发动机股份有限公司（以下称"公司"）实际情况，公司制定本次募集资金的使用计划。

一、募集资金投资项目及投资总额

根据公司2019年12月12日召开的2019年第二次临时股东大会决议批准，本次发行募集资金按顺序依次投资于新厂房建设项目、吉林市分厂建设项目。本次发行募集资金投资项目总投资额为50 000万元，拟使用本次发行募集资金投入30 000万元。

二、募集资金使用计划

单位：万元

投资项目	投资总额	募资使用总额	募集资金使用计划		
			已支出	2018年计划	2019年计划
新厂房建设项目	30 000	20 000	0	15 000	5 000
吉林市分厂建设项目	20 000	10 000	7 000	2 000	1 000

三、募集资金使用规定

公司相关职能部门应严格按照以上募集资金使用计划组织实施本项目，募集资金使用超过计划进度，或年度实际使用募集资金与以上募集资金使用计划金额差异超过30%的，依照公司《募集资金使用管理制度》规定办理审批手续。

以上议案，请与会董事审议。

东北发动机股份有限公司
二零一九年十二月十二日

期初资料（报表、账簿）

资产负债表

2019年11月30日

编制单位：东北发动机股份有限公司　　　　　　　　　　　　　　　　　　　　　　　　　　　　　　　　　　　　　单位：元

资产	行次	期末余额	年初余额	负债和所有者权益（或股东权益）	行次	期末余额	年初余额
流动资产：	1			流动负债：	34		
货币资金	2	70 258 993.61	63 153 454.63	短期借款	35	150 000 000.00	20 000 000.00
交易性金融资产	3	—	—	交易性金融负债	36	—	—
应收票据	4	8 286 399.12	9 557 250.00	应付票据	37	500 000.00	70 000.00
应收账款	5	16 679 981.32	11 771 262.00	应付账款	38	22 083 765.22	3 493 975.20
预付款项	6	—	—	预收款项	39	7 368 559.93	185 850.00
应收利息	7	—	—	应付职工薪酬	40	—	—
应收股利	8	—	—	应交税费	41	3 119 149.55	2 449 011.79
其他应收款	9	76 100 000.00	—	应付利息	42	—	—
存货	10	10 704 355.17	5 247 046.36	应付股利	43	—	—
一年内到期的非流动资产	11	—	699.22	其他应付款	44	—	12 500.82
其他流动资产	12	—	—	一年内到期的非流动负债	45	—	—
流动资产合计	13	182 029 729.22	89 729 712.21	其他流动负债	46	—	—
非流动资产：	14			流动负债合计	47	183 071 474.70	26 211 337.81
可供出售金融资产	15	—	—	非流动负债：	48		
持有至到期投资	16	—	—	长期借款	49	—	—

续表

资产	行次	期末余额	年初余额	负债和所有者权益（或股东权益）	行次	期末余额	年初余额
长期应收款	17	—	—	应付债券	50	—	—
长期股权投资	18	—	—	长期应付款	51	—	—
投资性房地产	19	—	—	专项应付款	52	—	—
固定资产	20	81 610 818.83	81 610 818.83	预计负债	53	1 600 000.00	700 000.00
在建工程	21	76 551 813.57	6 551 813.57	递延收益	54	—	—
工程物资	22	—	—	其他非流动负债	55	—	—
固定资产清理	23	—	—	非流动负债合计	56	1 600 000.00	700 000.00
生产性生物资产	24	—	—	负债合计	57	184 671 474.70	26 911 337.81
油气资产	25	—	—	所有者权益（或股东权益）：	58		
无形资产	26	8 067 114.85	8 067 114.85	实收资本（或股本）	59	154 020 000.00	118 000 000.00
开发支出	27	42 735.04	42 735.04	资本公积	60	286 722.39	24 000 000.00
商誉	28	—	—	减：库存股	61	—	—
长期待摊费用	29	—	—	专项储备	62	—	—
递延所得税资产	30	—	—	盈余公积	63	8 350 000.00	8 350 000.00
其他非流动资产	31	—	—	未分配利润	64	9 324 014.42	8 740 856.69
非流动资产合计	32	166 272 482.29	96 272 482.29	所有者权益（或股东权益）合计	65	163 630 736.81	159 090 856.69
资产总计	33	348 302 211.51	186 002 194.50	负债和所有者权益（或股东权益）总计	66	348 302 211.51	186 002 194.50

总账科目余额及发生额汇总表

单位名称：东北发动机有限公司　　2019年12月

序号	科目名称	科目代码	期初余额 借方	期初余额 贷方	借方发生额	贷方发生额	月末余额 借方	月末余额 贷方
1	库存现金	1001	159 772.57					
2	银行存款	1002	70 099 221.04					
4	应收票据	1121	8 286 399.12					
5	应收账款	1122	16 679 981.32					
6	其他应收款	1221	76 100 000.00					
9	原材料	1403	10 419 221.66					
10	材料成本差异	1404		379 661.91				
11	库存商品	1405	664 795.42					
12	固定资产	1601	99 894 085.16					
13	累计折旧	1602		18 283 266.33				
14	在建工程	1604	76 551 813.57					
15	无形资产	1701	18 000 000.00					
16	累计摊销	1702		9 932 885.15				
18	短期借款	2001		150 000 000.00				
19	应付票据	2201		500 000.00				
20	应付账款	2202		22 083 765.22				
21	预收账款	2203		7 368 559.93				
23	应交税费	2221		3 119 149.55				
26	递延收益	2401		1 600 000.00				
27	股本	4001		154 020 000.00				
28	资本公积	4002		286 722.39				
29	盈余公积	4101						
30	本年利润	4103						
31	利润分配	4104		9 324 014.42				
33	研发支出	5301	42 735.04					
49	合计		376 898 024.90	376 898 024.90	0.00	0.00	0.00	0.00

本题所涉及明细科目期初余额：

明细账期初余额明细表

2019年12月

一级科目			二级科目			三级子目		
代码	名称	金额	代码	名称	金额	代码	名称	金额
1002	银行存款	70 099 221.04	100201	东风大街支行	70 099 221.04			
1221	其他应收款	76 100 000.00	122101	上市费用	6 100 000.00			
			122102	吉林分公司	70 000 000.00			
4001	股本	154 020 000.00	400101	法人股	143 560 000.00	40010101	吉林省国有资产管理有限公司	93 970 000.00
						40010102	首都汽车制造有限公司	49 590 000.00
			400102	自然人股	10 460 000.00	40010201	马实	3 920 000.00
						40010202	付忠	2 610 000.00
						40010203	张兴国	1 310 000.00
						40010204	楚浩然	1 310 000.00
						40010205	程菲	1 310 000.00
4002	资本公积	286 722.39	400201	股本溢价	286 722.39			

1. 收到上市融资款

支付业务回单（收款）　　中国工商银行

交易日期：2019年12月15日　　借贷标志：　　通道：电子银行
业务类型：收款
付款人账号：20100097555　　　　　　　收款人账号：4200224109000066666
付款人名称：华龙证券有限责任公司　　收款人名称：东北发动机有限公司
付款人开户行：中国人民银行兰州市支行　　收款人开户行：工行东风大街支行
币种：人民币　金额：（大写）叁亿叁仟万元整（小写）¥330 000 000.00

报文标识号：11397229
明细标识号：11399722691
交易：转账
记账流水号：012139

登录号：3391　　　网点编号：1234　　　打印状态：1
客户验证码：963655　　柜员号：003　　打印方式：1　　打印日期：2019年12月15日

实收资本进账单

公众股	22 000 000.00
股价	15.00
出资额	330 000 000.00
出资时间	2019年12月15日

制表人：金酷　　　　　　　　　　　　　　审批人：柴章

2. 支付券商承销费

付款审批单

部门：财务部　　　　　　　2019年12月16日

收款单位	华龙证券有限责任公司	付款理由：	支付承销费　　。
开户银行	中国人民银行兰州市支行	付款方式：	网银支付
银行账号	20100097555	说明：	
金额	人民币（大写）：玖佰万元整		¥9 000 000.00
总经理审批	财务部长	部门经理	经办人
马实	柴章	金酷	初娜

电子银行业务回单（付款）

交易日期：2019年12月16日　　　　　交易流水号：100100293
付款人账号：4200224109000066666　　收款人账号：20100097555
付款人名称：东北发动机股份有限公司　收款人名称：华龙证券有限责任公司
付款人开户行：工行东风大街支行　　　收款人开户行：中国人民银行兰州市支行
币种：人民币　金额：（大写）玖佰万元整　　　　　　　　（小写）￥9 000 000.00

银行附言：付款
客户附言：承销费
渠道：网上银行
记账流水号：100293
电子凭证号：0293

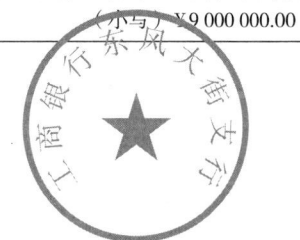

登录号：119123　　　网点编号：1234　　打印状态：1
客户验证码：993626　柜员号：001　　　打印方式：1　打印日期：2019年12月16日

收　据

NO.000002
日期：2019年12月16日

今收到　东北发动机股份有限公司
交　来　证券承销费　　　　　款
人民币（大写）：玖佰万元整

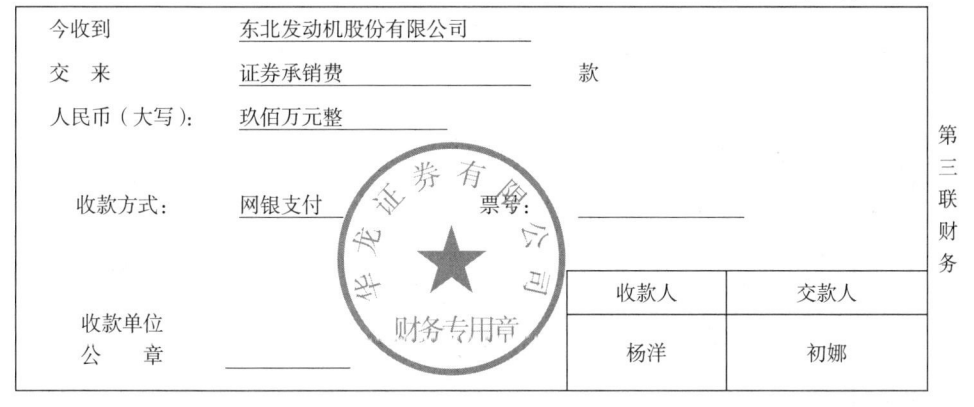

收款方式：网银支付　　票号：

	收款人	交款人
收款单位公章	杨洋	初娜

第三联 财务

3. 支付经营账户垫付的上市融资费用

上市费用明细表

单位名称：东北发动机股份有限公司　　　　　　　　　　　单位：元

日期	摘要	入账科目	金额
2019.3.16	支付保荐费	其他应收款——上市费用	4 000 000.00
2019.3.16	支付审计费	其他应收款——上市费用	1 200 000.00
2019.3.16	支付律师费	其他应收款——上市费用	300 000.00
2019.3.16	支付律师费	其他应收款——上市费用	300 000.00
2019.3.16	支付评估费	其他应收款——上市费用	300 000.00
合　计			6 100 000.00

电子银行业务回单（付款）

交易日期：2019年3月16日　　　　　交易流水号：100101911
付款人账号：4200224109000066666　　收款人账号：2008166588888888
付款人名称：东北发动机股份有限公司　收款人名称：东北发动机股份有限公司
付款人开户行：工行东风大街支行　　收款人开户行：工行东风大街支行
币种：人民币　金额：（大写）陆佰壹拾万元整　　（小写）￥6 100 000.00

银行附言：付款
客户附言：还款
渠道：网上银行
记账流水号：100734
电子凭证号：0100

登记号：119688　　网点编号：1234　　打印状态：1
客户验证码：993626　柜员号：003　　打印方式：1　　打印日期：2019年3月16日

4.支付上市会务费及路演费

付款审批单

部门：财务部　　　　　　2019年12月16日

收款单位	东方演艺公关有限公司	付款理由	支付庆典费用
开户银行	建行一汽支行	付款方式	网银支付
银行账号	41001555536059600000	说明：	
金额	人民币（大写）：柒拾陆万元整		￥760 000.00
总经理审批	财务部长	部门经理	经办人
马实	柴章	金酷	初娜

吉林省长春市国家税务局通用机打发票

发票联　　　　　　　　　　　　发票代码　111000543010
　　　　　　　　　　　　　　　　发票号码　10010010

开票日期：2019年12月16日　　行业分类：服务业

客户名称：东北发动机股份有限公司
客户税号：　　　　　　　　　地址、电话：

货物或劳务名称	规格	单位	数量	单价	金额
服务费		次	1	760 000.00	760 000.00

合计人民币（大写）：柒拾陆万元整　　　　　￥760 000.00
开票方开户银行及账号：建行一汽支行 41001555536059600000　　结算方式：
开票方税号：22010600117266　　备注：

开票人：初娜　收款人：　电话：87878991　开票单位（盖章）

电子银行业务回单（付款）

交易日期：2019年12月16日　　　　　　　交易流水号：100100296
付款人账号：42002241090000666666　　　收款人账号：41001555536059600000
付款人名称：东北发动机股份有限公司　　收款人名称：东方演艺公关有限公司
付款人开户行：工行东风大街支行　　　　收款人开户行：建行一汽支行
币种：人民币　金额：（大写）柒拾陆万元整　　　　　　　（小写）¥760 000.00

银行附言：付款
客户附言：会务费用
渠道：网上银行
记账流水号：100330
电子凭证号：0311

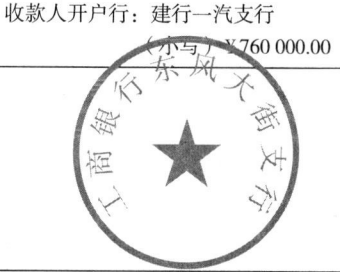

登录号：119123　　网点编号：1234　　打印状态：1
客户验证码：993626　　柜员号：003　　打印方式：1　　打印日期：2019年12月16日

付款审批单

部门：财务部　　　　　　　　　2019年12月16日

收款单位	长春市金色阶梯文化传播有限公司	付款理由：支付路演费用
开户银行	交行西安大路支行	付款方式：网银支付
银行账号	95566110000006600000	说明：
金额	人民币（大写）：壹佰捌拾万元整	¥1 800 000.00
总经理审批	财务部长	部门经理	经办人
马实	柴章	金酷	初娜

吉林省长春市国家税务局通用机打发票

发票联　　　　发票代码　111000549116
　　　　　　　发票号码　10027563

开票日期：2019年3月16日　　行业分类：服务业

客户名称：东北发动机股份有限公司
客户税号：　　　　　　　　　地址、电话：

货物或劳务名称	规格	单位	数量	单价	金额
服务费		次	1	1 800 000.00	1 800 000.00

合计人民币（大写）：壹佰捌拾万元整　　　　　　　　¥1 800 000.00
开票方开户银行及账号：交行西安大路支行 95566110000006668888　　结算方式：
开票方税号：22010601335599　　备注：
开票人：初娜　　收款人：　　电话：89259966　　开票单位（盖章）

第一联 发票联（手开无效）

电子银行业务回单（付款）

交易日期：2019年3月16日　　　　　　交易流水号：100100759
付款人账号：4200224109000066666　　收款人账号：9556611000006668888
付款人名称：东北发动机股份有限公司　收款人名称：长春市金色阶梯文化传播有限公司
付款人开户行：工行东风大街支行　　　收款人开户行：交行西安大路支行
币种：人民币　金额：（大写）壹佰捌拾万元整　　　　　（小写）¥1 800 000.00

银行附言：付款
客户附言：会务费用
渠道：网上银行
记账流水号：100344
电子凭证号：0491

登录号：119656　　　网点编号：1234　　打印状态：1
客户验证码：993626　柜员号：003　　　打印方式：1　　打印日期：2019年3月16日

5. 募集资金支付募投项目工程款

付款审批单

部门：财务部　　　　　　　　2019年12月16日

收款单位	长春建工吉林分公司	付款理由：吉林分公司拨款	
开户银行	工行吉林市船营支行	付款方式：网银支付	
银行账号	4200224207465570000	说明：	
金额	人民币（大写）：玖仟万元整		¥90 000 000.00
总经理审批	财务部长	部门经理	经办人
马实	柴章	金酷	初娜

电子银行业务回单（付款）

交易日期：2019年12月16日　　　　　交易流水号：100101136
付款人账号：4200224109000066666　　收款人账号：4200224207465577889
付款人名称：东北发动机股份有限公司　收款人名称：长春建工吉林分公司
付款人开户行：工行东风大街支行　　　收款人开户行：工行吉林市船营支行
币种：人民币　金额：（大写）玖仟万元整　　　　　　（小写）¥90 000 000.00

银行附言：付款
客户附言：转账
渠道：网上银行
记账流水号：100099
电子凭证号：0121

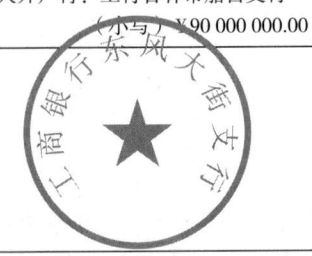

登录号：119730　　　网点编号：1234　　打印状态：1
客户验证码：993626　柜员号：003　　　打印方式：1　　打印日期：2019年12月16日

增值税专用发票

1100152356　　　　　　　　　发票联　　　　No.34728799　　1100152356
　　　　　　　　　　　　　　　　　　　　　　　　　　　　　　34728799

开票日期：2019年1月22日

名　称	东北发动机股份有限公司	密码区	554+55+38998954513301/<5>8653033/8<80+83267166659824835646213 50828+26*1/3+>>70484*/1<01598*/*/<5>6*>/>831>49+834*14<<>*53862
税　号	220117709854834		
地址、电话	长春市东风大街1888号		
开户行及账号	工商银行东风大街支行 2008 1665 8888 8888		

货物或应税劳务、服务名称	规格型号	单位	数量	单价	金额	税率	税额
工程款			1	81 081 081.08	81 081 081.08	3%	8 918 918.92
合　计			1	81 081 081.08	81 081 081.08		8 918 918.92

价税合计（大写）玖仟万圆整　　　　　　　　　　（小写）¥90 000 000.00

名　称	长春建工吉林分公司	备注
税　号	220************	
地址、电话		
开户行及账号		

收款人：邓天　　复核人：王销月　　开票人：高里宇　　销货单位（章）：

第三联：发票联　购货方记账凭证

6.支付前期垫付工程

付款审批单

部门：财务部　　　　　　　　　　2019年12月16日

收款单位	东北发动机有限公司	付款理由	转垫付募集资金费用
开户银行	工行东风大街支行	付款方式	网银支付
银行账号	4200224109000066666	说明	
金额	人民币（大写）：柒仟万元整		¥70 000 000.00
总经理审批	财务部长	部门经理	经办人
马实	柴章	金酷	初娜

电子银行业务回单（付款）

交易日期：2019年12月16日　　　　　交易流水号：100101911
付款人账号：4200224109000066666　　收款人账号：2008166588888888
付款人名称：东北发动机股份有限公司　收款人名称：东北发动机股份有限公司
付款人开户行：工行东风大街支行　　　收款人开户行：工行东风大街支行
币种：人民币　金额：（大写）柒仟万元整　（小写）¥70 000 000.00

银行附言：付款
客户附言：转账
渠道：网上银行
记账流水号：100099
电子凭证号：0121

登录号：119688　　　　　网点编号：1234　　　打印状态：1
客户验证码：993626　　　柜员号：003　　　　打印方式：1　　打印日期：2019年12月16日

30204 资金会计——银行信息识别系统

经济业务	银行信息识别系统	更新时间		工作内容摘要
岗　　位	资金会计	级　　别	高级	企业银行信息识别系统启动
工作方式	手工			

经济业务内容

东北发动机有限公司的全资子公司东信科技有限公司为每日及时识别各部门回款情况，公司决定从2019年1月1日起启用工商银行企业银行信息识别系统，公司在仍保留一个基本收款账户的前提下，各部门分别采用不同的银行收款账号，以便资金会计及时填报货币资金日报表，各部门及时认款。

经济业务处理要求

熟悉工商银行企业银行信息识别系统的功能，掌握公司在使用该系统后，各部门如何及时掌握本部门回款情况，出纳如何根据该系统填报货币资金日报。

经济业务流程

东信科技有限公司

流程名称：多部门资金日报	部门名称：财务部	审批人：柴章
流程代码：30304	主责岗位：综合	会签：范婷、高翔、董芳、丁磊、邓欢、陈晓、陈曼、刘玉
更新时间：2018年12月	编辑人：付晶	
风险点：		

流程图

流程步骤：
- 开始
- NO.1 确定部门银行分账号
- NO.2 向客户发出账号变更通知书
- NO.3 客户认可通过
- NO.4 每日网银下载回款信息
- NO.5 按部门分账号汇总回款金额
- NO.6 编制部门日回款报表
- NO.7 绘制部门回款完成进度图
- 结束

东信科技有限公司部门编码

部门代码	部门名称
01	平台开发部
02	ERP开发部
03	OA开发部
04	供应销开发部
05	软件实施一部
06	软件实施二部
07	软件实施三部
08	软件服务一部
09	软件服务二部
10	软件服务三部

东信科技有限公司开户信息

开户行	工行东风大街支行
银行账号	200816658888866

企业银行信息识别系统银行账号

部门代码	部门名称	开户行	账号
	公司共用账号	工行东风大街支行	2008166588888866
01	平台开发部	工行东风大街支行	20081665888888601
02	ERP开发部	工行东风大街支行	20081665888888602
03	OA开发部	工行东风大街支行	20081665888888603
04	供应销开发部	工行东风大街支行	20081665888888604
05	软件实施一部	工行东风大街支行	20081665888888605
06	软件实施二部	工行东风大街支行	20081665888888606
07	软件实施三部	工行东风大街支行	20081665888888607
08	软件服务一部	工行东风大街支行	20081665888888608
09	软件服务二部	工行东风大街支行	20081665888888609
10	软件服务三部	工行东风大街支行	20081665888888610

部门回款统计表（2016年1月17日）

部门	部门代码	昨日回款累计	今日回款合计	今日回款累计	本月回款累计	完成比
平台开发部	01	123,456.80	68,958.00	192,415.00	200,000.00	96.2%
ERP开发部	02	445,887.92	87,895.00	533,565.00	600,000.00	85.9%
OA开发部	03	156,789.90	134,391.00	291,180.00	400,000.00	72.8%
供应销开发部	04	65,854.80	88,742.00	184,466.00	500,000.00	36.9%
软件实施一部	05	340,589.00	82,858.17	423,448.17	900,000.00	46.9%
软件实施二部	06	185,924.99	276,217.99	462,121.98	675,000.00	68.5%
软件实施三部	07	275,493.80	131,921.00	407,414.00	780,000.00	52.2%
软件服务一部	08	43,785.80	79,468.00	122,801.00	680,000.00	20.9%
软件服务二部	09	78,843.00	23,867.00	102,913.00	710,000.00	14.4%
软件服务三部	10	154,921.82	195,402.00	309,723.89	750,000.00	41.3%
合计		1,868,872.03	1,110,504.15	3,008,426.19	6,115,000.00	49.2%

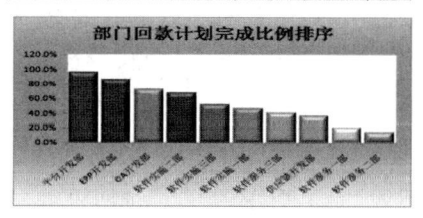

部门回款计划完成比例排序（柱形图）

流程描述

NO.1 财务部根据银行收款账号及部门编码，编制各部门银行分账号，分账号=原账号+部门编码。

NO.2 由各部门向对应客户发出银行账号变更通知书。

NO.3 各部门将客户分账号确认函，交财务部备案；对多部门共同对应的大客户，不同意分账号的情况下，采取继续保留原账号，并通过客户回款单摘要标注部门代码或销售发票尾号信息确认回款部门。

NO.4 出纳每日网银下载回款信息。

NO.5 出纳每日按部门分账号汇总各部门回款金额。

NO.6 出纳每日根据各部门分账号汇总回款金额，计算各部门月累计回款金额、计划回款金额百分比。

NO.7 出纳根据部门回款金额统计表绘制各部门回款完成情况排序柱形图，跟踪回款情况，为公司资金管理提供数据参考。

期初信息

东信科技有限公司部门编码

部门代码	部门名称
01	平台开发部
02	ERP 开发部
03	OA 开发部
04	供应链开发部
05	软件实施一部
06	软件实施二部
07	软件实施三部
08	软件服务一部
09	软件服务二部
10	软件服务三部

东信科技有限公司开户信息

开户行	工行东风大街支行
银行账号	200816658888866

部门回款统计表

2019年1月20日

部门	部门代码	昨日回款累计	今日回款合计	今日回款累计	本月回款计划	完成比
平台开发部	01	54 497.00	68 959.00	123 456.00	200 000.00	61.7%
ERP开发部	02	377 777.00	67 890.00	445 667.00	600 000.00	74.3%
OA开发部	03	22 398.00	134 391.00	156 789.00	400 000.00	39.2%
供应链开发部	04	20 142.00	65 762.00	85 904.00	500 000.00	17.2%
软件实施一部	05	256 569.83	82 939.17	339 509.00	900 000.00	37.7%
软件实施二部	06	109 686.02	76 217.98	185 904.00	675 000.00	27.5%
软件实施三部	07	143 572.00	131 921.00	275 493.00	780 000.00	35.3%
软件服务一部	08	3 681.00	39 605.00	43 286.00	600 000.00	7.2%
软件服务二部	09	55 076.00	23 467.00	78 543.00	710 000.00	11.1%
软件服务三部	10	18 919.00	135 402.00	154 321.00	750 000.00	20.6%
合计		1 062 317.85	826 554.15	1 888 872.00	6 115 000.00	30.9%

经济业务证明(自制原始凭证)

一、东信科技有限公司关于启动工商银行企业银行信息识别系统的通知

东信科技有限公司关于启动工商银行企业银行信息识别系统的通知
公司各部门:

为每日及时识别各部门回款情况,公司研究决定从 2019 年 1 月 1 日起启用工商银行企业银行信息识别系统,公司在仍保留一个收款账户的前提下,各部门分别采用不同的银行收款账号,并及时通知对应客户,以便资金管理部及时填报货币资金日报表,各部门及时认款。各部门银行分账户情况如下:

企业银行信息识别系统银行账号

部门代码	部门名称	开户银行	账号
	公司共用账号	工行东风大街支行	200816658888866
01	平台开发部	工行东风大街支行	20081665888886601
02	ERP 开发部	工行东风大街支行	20081665888886602
03	OA 开发部	工行东风大街支行	20081665888886603
04	供应链开发部	工行东风大街支行	20081665888886604
05	软件实施一部	工行东风大街支行	20081665888886605
06	软件实施二部	工行东风大街支行	20081665888886606
07	软件实施三部	工行东风大街支行	20081665888886607
08	软件服务一部	工行东风大街支行	20081665888886608
09	软件服务二部	工行东风大街支行	20081665888886609
10	软件服务三部	工行东风大街支行	20081665888886610

请各部门按上述回款账号及时变更回款账户信息,保证及时准确回款。

公司财务部
2018 年 12 月 18

二、银行流水对账单

银行流水对账单

客户名称：东信科技有限公司
开户机构：工商银行东风大街支行
日　期：2019年1月21日
币　种：人民币
打印日期：2019年1月31日

交易日期	摘要	凭证号码	贷方发生额	账户余额	客户账号	流水号	对方户名	对方行名
2019/1/21	收东信科技款	56	68 959.00	32 219 921.52	20081665888886603	50967367286	中国工商银行	工商银行东风大街支行
2019/1/21	收东信科技款	57	82 939.17	32 302 860.69	20081665888886605	48098628749	中国工商银行	工商银行东风大街支行
2019/1/21	收东信科技款	58	89 798.98	32 392 659.67	20081665888886606	89678764755	长春朋社机床设备维修公司	兴业银行越野路支行
2019/1/21	收东信科技款	62	79 605.00	32 472 264.67	20081665888886608	18973686567	国网吉林省电力有限公司长春供电公司	工商银行人民大街支行
2019/1/21	收东信科技款	63	98 765.00	32 571 029.67	20081665888886606	—	中国工商银行	工商银行东风大街支行
2019/1/21	收东信科技款	66	78 654.00	32 649 683.67	20081665888886607	64743756898	中国工商银行	工商银行东风大街支行
2019/1/21	收东信科技款	68	89 876.00	32 739 559.67	20081665888886601	35465586789	中国工商银行	工商银行东风大街支行
2019/1/21	收东信科技款	77	89 754.00	32 829 313.67	20081665888886610	96897465415	中国工商银行	工商银行东风大街支行
2019/1/21	收东信科技款	78	23 467.00	32 852 780.67	20081665888886609	57895645154	吉林省电力有限公司	光大银行卫星路支行
2019/1/21	收东信科技款	79	53 267.00	32 906 047.67	20081665888886607	38787535133	长春市来来公司	光大银行卫星路支行
2019/1/21	收东信科技款	84	87 654.00	32 993 701.67	20081665888886606	65485648745	庆城国际网络有限公司	北京工商银行王府井西街支行
2019/1/21	收东信科技款	86	98 762.00	33 092 463.67	20081665888886604	96684686655	吉林省会集中心服务有限公司	吉林银行经开临河街支行
2019/1/21	收东信科技款	88	65 432.00	33 157 895.67	20081665888886603	96565484654	吉林省建筑材料建筑有限公司	吉林银行南关区大马路支行
2019/1/21	收东信科技款	89	67 890.00	33 225 785.67	20081665888886602	63948454564	吉林省悦好物业服务有限公司	吉林银行高新区家悦路支行
2019/1/21	收东信科技款	90	86 543.00	33 312 328.67	20081665888886601	69541245578	长春机械厂	
2019/1/21	收东信科技款	—	65 648.00	33 377 976.67	20081665888886610	65783423454		

30301 销售会计——应收账款报表分析

业务名称	应收账款报表分析	更新时间		工作内容摘要
岗　　位	销售会计	级　　别	高级	按照重分类的原则正确填报资产负债表的应收账款等往来项目
工作方式	手工、软件			

经济业务内容

根据会计准则的要求，正确填报资产负债表应收账款等六大往来数据，绘制应收账款分析图。

经济业务处理要求

掌握资产负债表往来项目填报重分类的原理，了解正确重分类填报资产负债表往来项目对确保资产负债表总额正确的重要性，绘制应收账款和预收账款柱形图和饼形图。

经济业务流程

东北发动机股份有限公司

流程名称：应收账款报表分析
流程代码：30301
更新时间：2019年1月
风险点：

部门名称：财务部	审批人：柴章		
主责岗位：销售会计	会签	范婷、高豫、董芳、丁磊	
编辑人：肖飞		邓欢、陈晓、陈曼、刘玉	

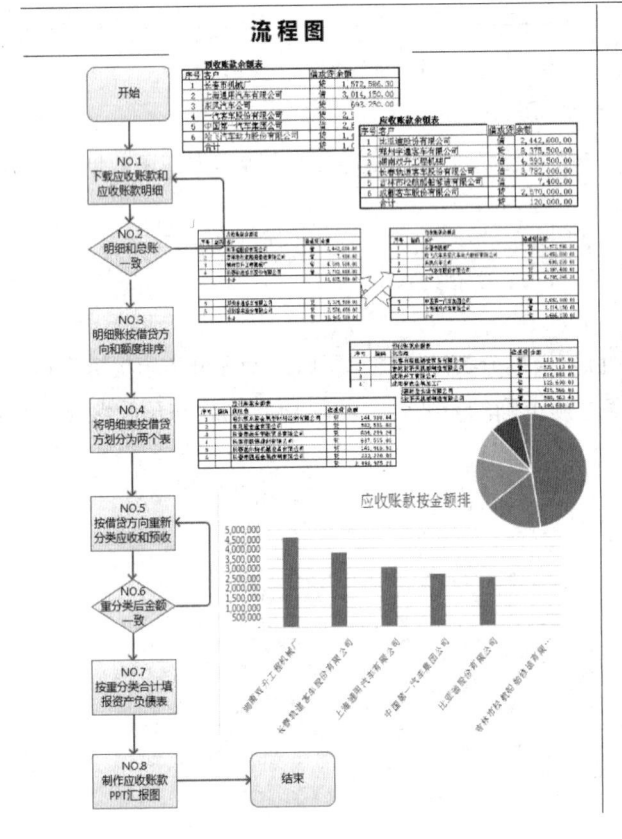

流程图

流程描述

NO.1 下载或获取月底应收账款、预收账款明细表。

NO.2 明细表合计净额保证同总账余额相等，若不相等查找原因重新下载获取明细账。

NO.3 将应收账款和预收账款按余额大小进行排序。

NO.4 将重新排序后的明细表按借贷方分别划分为两个表，出现四个表，应收账款借方明细表、贷方明细表，预收账款借方明细表、贷方明细表。

NO.5 按借贷方重新分类，即将应收账款的借方明细和预收账款的借方合并生成事实的应收账款明细总表，即将应收账款的贷方明细和预收账款的贷方合并生成事实的预收账款明细总表。

NO.6 即按借贷方重新分类的应收账款和应收账款明细合计和总账余额相核对，保持总账、明细总表借贷方差额一致。

NO.7 按重分类后明细总表合计填报资产负债表应收账款和预收账款等栏内容。

NO.8 按应收账款和预收账款的明细总表分别制作应收账款和预收账款的分析柱形图和饼图。

前期资料：调整前资产负债表

资产负债表

2019年1月31日

编制单位：东北发动机有限公司　　　　　　　　　　　　　　　　　　　　　　　　　　　　　　　　　　　　　单位：元

资产	行次	期末余额	年初余额	负债和所有者权益（或股东权益）	行次	期末余额	年初余额
流动资产：	1			流动负债：	34		
货币资金	2	31 153 454.63	15 859 388.00	短期借款	35		20 000 000.00
交易性金融资产	3	—	—	交易性金融负债	36	—	—
应收票据	4	9 557 250.00	3 000 000.00	应付票据	37	3 700 000.00	3 200 000.00
应收账款	5	-120 000.00	4 068 662.00	应付账款	38	2 493 975.20	2 306 080.00
预付款项	6	2 300 683.20	9 482 616.00	预收款项	39	1 039 096.30	7 200 000.00
应收利息	7	—	—	应付职工薪酬	40	—	—
应收股利	8	—	—	应交税费	41	2 449 011.79	1 500 022.00
其他应收款	9	75 000.00	35 000.00	应付利息	42	—	—
存货	10	5 161 361.52	5 154 673.37	应付股利	43	—	—
一年内到期的非流动资产	11	—	—	其他应付款	44	-12 500.82	8 000 000.00
其他流动资产	12	699.22	—	一年内到期的非流动负债	45	—	—
流动资产合计	13	48 128 448.57	37 600 339.37	其他流动负债	46	—	—
非流动资产：	14			流动负债合计	47	9 669 582.47	42 206 102.00
可供出售金融资产	15	—	—	非流动负债：	48		

续表

资产	行次	期末余额	年初余额	负债和所有者权益（或股东权益）	行次	期末余额	年初余额
持有至到期投资	16	—	—	长期借款	49	—	—
长期应收款	17	—	—	应付债券	50	—	—
长期股权投资	18	—	—	长期应付款	51	—	—
投资性房地产	19	—	—	专项应付款	52	—	—
固定资产	20	81 610 818.83	81 400 567.28	预计负债	53	—	—
在建工程	21	6 551 813.57	6 551 813.57	递延收益	54	—	700 000.00
工程物资	22	—	—	其他非流动负债	55	—	—
固定资产清理	23	—	—	非流动负债合计	56	—	700 000.00
生产性生物资产	24	—	—	负债合计	57	9 669 582.47	42 906 102.00
油气资产	25	—	—	所有者权益（或股东权益）：	58	—	—
无形资产	26	426 623.15	8 162 960.13	实收资本（或股本）	59	110 000 000.00	80 000 000.00
开发支出	27	42 735.04	—	资本公积	60	—	—
商誉	28	—	—	减：库存股	61	—	—
长期待摊费用	29	—	—	专项储备	62	—	—
递延所得税资产	30	—	—	盈余公积	63	8 350 000.00	8 350 000.00
其他非流动资产	31	—	—	未分配利润	64	8 740 856.69	2 459 578.35
非流动资产合计	32	88 631 990.59	96 115 340.98	所有者权益（或股东权益）合计	65	127 090 856.69	90 809 578.35
资产总计	33	136 760 439.16	133 715 680.35	负债和所有者权益（或股东权益）总计	66	136 760 439.16	133 715 680.35

应收账款余额表

序号	客户	借或贷	余额
1	比亚迪股份有限公司	借	2 442 600.00
2	郑州宇通客车有限公司	贷	8 375 500.00
3	湖南双升工程机械厂	借	4 593 500.00
4	长春轨道客车股份有限公司	借	3 782 000.00
5	吉林松航船舶修造有限公司	借	7 400.00
6	成都客车股份有限公司	贷	2 570 000.00
	合　计	贷	120 000.00

预收账款余额表

序号	客户	借或贷	余额
1	长春市机械厂	贷	1 572 596.30
2	上海通用汽车有限公司	借	3 014 150.00
3	东风汽车公司	贷	693 250.00
4	一汽客车股份有限公司	贷	2 987 400.00
5	中国第一汽车集团	借	2 652 000.00
6	哈飞动力股份有限公司	贷	1 452 000.00
	合　计	贷	1 039 096.30

30401 薪酬会计——员工股权激励

经济业务	员工股权激励	更新时间		工作内容摘要
岗　　位	薪酬会计	级　　别	高级	对员工进行股权激励
工作方式	手工、软件			

经济业务内容

公司决定对高管5人进行股权激励，根据股东会决议等法律文件进行股权变更的会计处理。

经济业务处理要求

了解公司股权激励作价方案，根据相关原始凭证，进行增资扩股的账务处理。

经济业务流程

东北发动机股份有限公司

流程名称：股权激励	部门名称：财务部
流程代码：30401	审批人：柴章
更新时间：2018年12月	主责岗位：综合
风险点：	编辑人：付晶
	会签：范婷、高翔、董芳、丁磊、邓欢、陈晓、陈曼、刘玉

流程图

开始 → NO.1 董事会起草股权激励方案 → NO.2 股东会审核通过 → NO.3 基准日审计评估 → NO.4 签订入股协议修订章程 → NO.5 自然人出资 → NO.6 会计记账 → NO.7 办理工商、税务、银行变更手续 → 结束

东北发动机股份有限公司股权激励方案

根据吉林省国有资产管理有限公司2018年9月26日《关于东北发动机有限公司关于股权有关问题的批复》及2018年10月1日东北发动机有限公司股东会决议，公司对高管层自然人马实、付忠、张兴国、整洁然、程菲进行股权激励，增资扩股。公司以2018年9月30日为增资基准日，并聘请长春市美达会计师事务所有限公司进行净资产审计，并于10月2日出具了净资产专项审计报告，经审计后净资产是12078万元。由长春光华资产评估有限公司依据上述审计结果，进行了资产评估，评估后净资产为18091万元。10月5日新老股东确认资产评估结果，并决议按照每股4元的价格以现金方式增资800万元（每股1元计入实收资本），每股溢价3元，共计溢价2400万元计入资本公积。

东北发动机有限公司2018年度第一次股东会决议

东北发动机有限公司董事会于2018年9月10日以电子邮件方式向全体股东发出召开2018年度第一次股东会会议通知，2018年10月3日，会议如期在公司主楼三楼会议室举行，会议出席股东共计2人，代表享有表决权的股份总额11000万股，全体股东出席本次会议，总经理、其他高级管理人员及有关人员列席了本次会议，会议的召集、召开符合有关法律、法规和公司章程的规定。会议由董事长马实先生主持，会议以记名投票表决方式通过了以下提案。

一、会议通过了以2018年9月30日为基准日进行审计评估，参照评估结果作为员工股权激励的定价依据。

二、《关于对高管五位自然人股东增资的议案》

表决结果，11000万股同意，0万股反对，0万股弃权。通过。

三、《高管层以现金方式向公司增资800万元的议案》

表决结果，11000万股同意，0万股反对，0万股弃权，该议案已通过。

东北发动机有限公司2014年度第一次股东会议决议之股东签字：

吉林省国有资产管理有限公司   晋韶汽车制造有限公司

流程描述

NO.1 董事会起草股权激励方案。

NO.2 股东会审核股权激励方案，未予通过的，董事会重新起草。

NO.3 聘请审计及资产评估中介机构，确定股权激励基准日，进行审计评估。

NO.4 依据股权激励方案签订员工入股协议，修改公司章程，确定公司组织架构。

NO.5 员工根据入股协议缴纳出资。

NO.6 会计根据入股协议、股权激励方案、入资相关凭证进行账务处理。

NO.7 办理工商、税务、银行等变更手续。

期初报表及账簿信息

公司股权激励方案：

东北发动机股份有限公司股权激励方案

根据吉林省国有资产管理有限公司2019年9月26日《关于东北发动机股份有限公司关于股权有关问题的批复》及2019年10月1日东北发动机有限公司股东会决议，公司对高管层自然人马实、付忠、张兴国、楚浩然、程菲进行股权激励，增资扩股。公司以2019年9月30日为增资基准日，并聘请长春市美达会计师事务所有限公司进行净资产审计，并于10月2日出具了净资产专项审计报告，经审计后净资产是12 078万元。由长春光华资产评估有限公司依据上述审计结果，进行了资产评估，评估后净资产为18 091万元。10月5日新老股东确认资产评估结果，并决议按照每股4元的价格以现金方式增资800万元（每股1元计入实收资本），每股溢价3元，共计溢价2 400万元计入资本公积。增资后股权结构如下：

首期股改方案

单位名称：东北发动机有限公司　　　　　　　　　　　　　货币单位：人民币元

股东名称	现股本结构	现持股比例（%）	本期增加股本数	本期出资额	首期股改持股数量	改后持股比例（%）
省国资委	72 000 000.00	65.45			72 000 000.00	61.02
首汽	38 000 000.00	34.55			38 000 000.00	32.20
马实	0.00	0.00	3 000 000.00	12 000 000.00	3 000 000.00	2.54
付忠	0.00	0.00	2 000 000.00	8 000 000.00	2 000 000.00	1.69
张兴国	0.00	0.00	1 000 000.00	4 000 000.00	1 000 000.00	0.85
楚浩然	0.00	0.00	1 000 000.00	4 000 000.00	1 000 000.00	0.85
程菲	0.00	0.00	1 000 000.00	4 000 000.00	1 000 000.00	0.85
合计	110 000 000.00	100.00	8 000 000.00	32 000 000.00	118 000 000.00	100.00

经济业务证明（原始凭证）

总账科目余额及发生额汇总表

单位名称：东北发动机有限公司　　　　　　　　　　　　　　　　　　　2019年10月

序号	科目名称	科目代码	期初余额 借方	期初余额 贷方	借方发生额	贷方发生额	月末余额 借方	月末余额 贷方
1	库存现金	1001	21 647.00					
2	银行存款	1002	31 153 454.63					
3	其他货币资金	1012						
4	应收票据	1121	9 557 250.00					
5	应收账款	1122	11 749 615.00					
9	原材料	1403	4 023 110.92					
10	材料成本差异	1404		269 881.76				
11	库存商品	1405	1 403 991.22					
12	固定资产	1601	99 894 085.16					
13	累计折旧	1602		18 283 266.33				
14	在建工程	1604	6 551 813.57					
15	无形资产	1701	18 000 000.00					
16	累计摊销	1702		9 932 885.15				
17	待处理财产损溢	1901	699.22					
18	短期借款	2001		20 000 000.00				
19	应付票据	2201		70 000.00				
20	应付账款	2202		10 482 328.20				
21	预收账款	2203		223 648.48				
22	应付职工薪酬	2211						
23	应交税费	2221		2 432 860.31				
24	应付股利	2232						
25	其他应付款	2241		12 500.82				
26	递延收益	2401						
27	实收资本	4001		110 000 000.00				
28	资本公积	4002						
29	盈余公积	4101		5 050 000.00				
30	本年利润	4103						
31	利润分配	4104		5 730 856.69				
32	生产成本	5001	89 825.98					
33	研发支出	5301	42 735.04					
49	合计		182 488 227.74	182 488 227.74	0.00	0.00	0.00	0.00

资产负债表

2019年9月30日

编制单位：东北发动机有限公司　　　　　　　　　　　　　　　　　　　　　　　　　　　　　　　单位：元

资产	行次	期末余额	年初余额	负债和所有者权益（或股东权益）	行次	期末余额	年初余额
流动资产：	1			流动负债：	34		
货币资金	2	31 175 101.63	20 352 735.12	短期借款	35	20 000 000.00	700 000.00
交易性金融资产	3			交易性金融负债	36		
应收票据	4	9 557 250.00	8 375 000.00	应付票据	37	70 000.00	30 000.00
应收账款	5	11 749 615.00	930 000.00	应付账款	38	10 482 328.20	50 000.00
预付款项	6			预收款项	39	223 648.48	0.00
应收股利	8			应交税费	41	2 432 860.31	137 009.11
存货	10	5 247 046.36	4 938 256.91	应付股利	43		
一年内到期的非流动资产	11	699.22	0.00	其他应付款	44	12 500.82	9 000.00
其他流动资产	12			一年内到期的非流动负债	45		
流动资产合计	13	57 729 712.21	34 595 992.03	其他流动负债	46		
非流动资产：	14			流动负债合计	47	33 221 337.81	926 009.11
固定资产	20	81 610 818.83	62 670 999.13	预计负债	53		
在建工程	21	6 551 813.57	5 000 000.00	递延收益	54		0.00
生产性生物资产	24			负债合计	57	33 221 337.81	926 009.11
油气资产	25			所有者权益（或股东权益）：	58		
无形资产	26	8 067 114.85	7 292 361.51	实收资本（或股本）	59	110 000 000.00	98 000 000.00
开发支出	27	42 735.04	0.00	资本公积	60		
递延所得税资产	30			盈余公积	63	5 050 000.00	4 660 062.23
其他非流动资产	31			未分配利润	64	5 730 856.69	5 973 281.33
非流动资产合计	32	96 272 482.29	74 963 360.64	所有者权益（或股东权益）合计	65	120 780 856.69	108 633 343.56
资产总计	33	154 002 194.50	109 559 352.67	负债和所有者权益（或股东权益）总计	66	154 002 194.50	109 559 352.67

相关科目期初余额：

明细账期初余额明细表

2019年9月30日

一级科目			二级科目		
代码	名称	金额	代码	名称	金额
1002	银行存款	31 153 454.63	100201	工商银行东风大街支行	31 153 454.63
4001	实收资本	110 000 000.00	400101	吉林省国有资产管理有限公司	72 000 000.00
			400102	首都汽车制造有限公司	38 000 000.00

一、关于增资的股东会决议

东北发动机有限公司2019年度第一次股东会决议

东北发动机有限公司董事会于2019年9月10日以电子邮件方式向全体股东发出召开2019年度第一次股东会会议通知。2019年10月3日，会议如期在公司主楼三楼会议室举行，代表有表决权的股份总额11 000万股，全体股东出席本次会议，总经理、其他高级管理人员及有关人员列席了本次会议。会议的召集、召开符合有关法律、法规和公司章程的规定。会议由董事长马实先生主持，会议以记名投票表决方式通过了以下提案：

一、会议通过了以2019年9月30日为基准日进行审计评估，参照评估结果作为员工股权激励的定价依据。

二、《关于对高管五位自然人股东增资的议案》

表决结果：11 000万股同意，0万股反对，0万股弃权。通过。

三、《高管层以现金方式向有限公司增资800万元的议案》

表决结果：11 000万股同意，0万股反对，0万股弃权。该议案已通过。东北发动机有限公司2019年度第一次股东会会议决议之股东签字：

吉林省国有资产管理有限公司　　　　　　　首都汽车制造有限公司

二、2019年9月30日为基准日的审计报告及审定报表摘录

关于东北发动机有限公司2019年9月30日
净资产审计鉴证报告

长美达审字〔2019〕第119号

东北发动机有限公司全体股东：

我们审计了后附的东北发动机有限公司（以下简称东北发动机公司）2019年9月30日资产负债表。

一、管理层对财务报表的责任

按照企业会计准则的规定编制财务报表是东北发动机有限公司管理当局的责任。这种责任包括：（1）设计、实施和维护与财务报告编制相关的内部控制，以使财务报表不存在由于舞弊或错误而导致的重大错报；（2）选择和运用恰当的会计政策；（3）作出合理的会计估计。

二、注册会计师的责任

我们的责任是在实施审计工作的基础上对财务报表发表审计意见。我们按照中国注册会计师审计准则的规定执行了审计工作。中国注册会计师审计准则要求我们遵守职业道德规范，计划和实施审计工作以对财务报表是否不存在重大错报获取合理保证。

审计工作涉及实施审计程序，以获取有关财务报表金额和披露的审计证据。选择的审计程序取决于注册会计师的判断，包括对由于舞弊或错误导致的财务报表重大错报风险的评估。在进行风险评估时，我们考虑与财务报表编制相关的内部控制，以设计恰当的审计程序，但目的并非对内部控制的有效性发表意见。审计工作还包括评价管理层选用会计政策的恰当性和作出会计估计的合理性，以及评价财务报表的总体列报。

我们相信，我们获取的审计证据是充分、适当的，为发表审计意见提供了基础。现已审计完毕，情况报告如下：

三、净资产鉴证

经审计，公司资产总额为154 002 194.50元，负债总额为33 221 337.81元，净资产为120 780 856.69元。

长春市美达会计师事务所有限公司　　中国注册会计师：杨洋
　　　　中国　长春　　　　　　　　中国注册会计师：金鑫
　　　　　　　　　　　　　　　　　　二〇一九年十月二日

三、2019年9月30日为基准日的资产评估报告摘录

东北发动机有限公司增资扩股净资产评估报告书

长光华评报字〔2019〕第086号

长春市光华资产评估有限公司（以下简称"本公司"）接受东北发动机有限公司（以下简称"贵公司"）的委托，依据国家有关资产评估的法律、法规和政策，本着独立、客观、公正、科学的原则，运用法定或公允的方法及程序，对贵公司拟出售其所持有的东北发动机有限公司股权所涉及的资产和负债进行了评估工作。在委托方、资产占有方有关人员密切配合和大力协助下，本公司评估人员对委托评估资产进行了实地查看与核对，同时进行了必要的市场调查以及我们认为需要实施的其他评估程序，对委估资产和负债在评估基准日2019年9月30日所表现的市场公允价值做出了公允反应，现将资产评估情况及评估结果报告如下：

一、委托方、资产占有方及其他评估报告使用者简介

委托方：东北发动机有限公司

注册地址：长春市东风大街1888号

注册资本：人民币壹亿壹仟万元整

实收资本：人民币壹亿壹仟万元整

企业类型：有限公司

经营范围：开发、销售各类发动机及其零配件、机械产品、高科技产品；机械项目的投资、经营管理及相关高新技术产业开发。

二、评估目的

本次评估的目的是确定东北发动机有限公司的资产和负债在评估基准日的市场价值，为东北发动机有限公司增资扩股提供价值参考依据。

三、评估对象和范围

本次评估对象为：以2019年9月30日为基准日的东北发动机有限公司的净资产。

评估范围为：东北发动机有限公司所申报的经长春市美达会计师事务所审计后的资产及负债。

四、评估结论

截至评估基准日2019年9月30日，在持续使用前提下，东北发动机有限公司委估资产：

账面值154 002 194.50元，调整后账面值154 002 194.50元，评估值214 128 231.08元，增值60 126 036.58元，增值率39.04%；负债：账面值33 221 337.81元，调整后账面值33 221 337.81元，评估值33 221 337.81元，增值率0%；净资产：账面

值120 780 856.69元，调整后账面值120 780 856.69元，评估值180 906 893.27元，增值60 126 036.58元，增值率49.78%。具体见下表：

资产评估结果汇总表

评估基准日：2019年9月30日

资产占有单位名称：东北发动机有限公司　　　　　　　　　　金额单位：人民币元

项目		账面价值	调整后账面值	评估价值	增减值	增值率（%）
		A	B	C	D=C-B	
流动资产	1	57 729 712.21	57 729 712.21	57 729 712.21	0.00	0.00
固定资产	4	88 162 632.40	88 162 632.40	119 436 322.28	31 273 689.88	35.47
其中：在建工程	5	6 551 813.57	6 551 813.57	7 315 212.11	763 398.54	11.65
建筑物	6	81 610 818.83	81 610 818.83	112 121 110.17	30 510 291.34	37.39
设备	7				0.00	
无形资产	8	8 067 114.85	8 067 114.85	36 919 461.55	28 852 346.70	357.65
其中：土地使用权	9	8 067 114.85	8 067 114.85	36 919 461.55	28 852 346.70	357.65
其他资产	10	42 735.04	42 735.04	42 735.04	0.00	0.00
资产总计	11	154 002 194.50	154 002 194.50	214 128 231.08	60 126 036.58	39.04
流动负债	12	33 221 337.81	33 221 337.81	33 221 337.81	0.00	0.00
负债总计	14	33 221 337.81	33 221 337.81	33 221 337.81	0.00	0.00
净资产	15	120 780 856.69	120 780 856.69	180 906 893.27	60 126 036.58	49.78

法定代表人：　　张梵（印）

签字注册资产评估师：　于晓丽

签字注册资产评估师：　孙铭阳

长春市光华资产评估有限公司

2019年10月3日

四、吉林省国资委《关于东北发动机有限公司国有股权管理有关问题的批复》

吉林省国有资产监督管理委员会

国资改〔2019〕93号

关于东北发动机有限公司
国有股权管理有关问题的批复

东北发动机有限公司：

你公司《关于东北发动机有限公司接受自然人增资入股的申请》收悉，经吉林省国资委研究决定，同意东北发动机有限公司接受自然人增资入股，且入股后自然人占总股本比例不超过10%，同意公司以2019年12月31日为基准日整体变更为股份有限公司，请尽快组织实施。

此复。

吉林省国有资产监督管理委员会

二零一九年十月六日

五、自然人投资入股协议书

自然人投资入股协议书

甲方：东北发动机有限公司　　　公司地址：长春市东风大街1888号
乙方：马实　　　　　　　　　　身份证号：220105195503252471

甲、乙双方一致认同，乙方作为新的投资人与甲方共同经营东北发动机有限公司（以下简称"公司"），成为该公司股东。双方本着互利互惠、共同发展的原则，经充分协商，依据《中华人民共和国公司法》以及相关法律法规之规定，特订立本协议。各方按如下条款，享有权利，履行义务。

第一条　出资金额、方式、期限

1. 乙方以货币方式出资，出资金额为人民币 1 200万元（壹仟贰佰万元），占公司股份总数的 2.54%。

2.乙方自本协议签订之日起十五个工作日内向公司注入以上出资。

3.乙方在成为公司股东之后，依上述两项约定履行出资义务。

第二条　入股及股份的转让

1.遭受损失的，由甲方向乙方承担赔偿责任。

2.应按本协议书之约定十五个工作日内支付相应款项。

第三条　承诺

甲方承诺，东北发动机有限公司系合法注册，现依法经营的合法公司，否则，向乙方承担缔约过失责任，如还有其他损失，应据实赔偿。

第四条　违约责任

乙方若迟延支付款项致使公司遭受重大损失的，应给予相应的赔偿；若甲方因重大过错，致使公司遭受资金损失的，应当向乙方承担相应的赔偿责任。

第五条　争议的解决

因执行本合同所发生的或与本合同有关的一切争议，双方应通过友好协商解决，如协商不能解决，应向有管辖权的法院起诉。

第六条　合同生效及其他

1.本协议未尽事宜，双方应共同协商，并且须签订补充协议。

2.本协议书共肆份，双方各两份。自双方签字之日起生效。

甲方：东北发动机有限公司　　　　　　乙方：马实

法定代表/授权代表：马实　　　　　　　法定代表/授权代表：

签字日期：2019年10月5日　　　　　　签字日期：2019年10月5日

其他（略）。

第一条　出资金额、方式、期限

1.乙方以货币方式出资，出资金额为人民币 800 万元（捌佰万元），占公司股份总数的 1.69%。

2.乙方自本协议签订之日起十五个工作日内向公司注入以上出资。

3.乙方在成为公司股东之后，依上述两项约定履行出资义务。

第二条　入股及股份的转让

1.依法履行了法定入股程序后，方视为乙方业已入股，成为公司股东。

2.乙方转让股份，须提前叁个月通知甲方及其他股东且履行相应的法律程序。

3.乙方入股后不得撤资。

4.转让股份在同等条件下第一大股东有优先购买权。

第三条　股东（乙方）的权利及义务

1.依公司章程享有股东权利，承担股东义务；

2.依据 1.69% 的出资比例享有公司利润，承担公司亏损；

3.对成为公司股东之前的公司经营利润不享有任何权益、对营业损失及债务亦不承担任何责任；乙方成为公司股东之后，若由于公司清偿乙方成为股东之前的债务致使乙方遭受损失的，由甲方向乙方承担赔偿责任。

4.应按本协议书之约定十五个工作日内支付相应款项。

第四条　承诺

甲方承诺，东北发动机有限公司系合法注册，现依法经营的合法公司，否则，向乙方承担缔约过失责任，如还有其他损失，应据实赔偿。

第五条　违约责任

乙方若迟延支付款项致使公司遭受重大损失的，应给予相应的赔偿；若甲方因重大过错，致使公司遭受资金损失的，应当向乙方承担相应的赔偿责任。

第六条　争议的解决

因执行本合同所发生的或与本合同有关的一切争议，双方应通过友好协商解决，如协商不能解决，应向有管辖权的法院起诉。

第七条　合同生效及其他

1.本协议未尽事宜，双方应共同协商，并且须签订补充协议。

2.本协议书共肆份，双方各两份。自双方签字之日起生效。

甲方：东北发动机有限公司　　　　　　　乙方：付忠

法定代表/授权代表：马实　　　　　　　法定代表/授权代表：

签字日期：2019 年 10 月 5 日　　　　　签字日期：2019 年 10 月 5 日

自然人投资入股协议书

甲方：东北发动机有限公司　　　公司地址：长春市东风大街1888号
乙方：张兴国　　　　　　　　　身份证号：220622196609013421

甲、乙双方一致认同，乙方作为新的投资人与甲方共同经营东北发动机有限公司（以下简称"公司"），成为该公司股东。双方本着互利互惠、共同发展的原则，经充分协商，依据《中华人民共和国公司法》以及相关法律法规之规定，特订立本协议。各方按如下条款，享有权利，履行义务。

第一条　出资金额、方式、期限

1.乙方以货币方式出资，出资金额为人民币<u>400</u>万元（<u>肆佰万元</u>），占公司股份总数的<u>0.85%</u>。

2.乙方自本协议签订之日起十五个工作日内向公司注入以上出资。

3.乙方在成为公司股东之后，依上述两项约定履行出资义务。

第二条　入股及股份的转让

1.依法履行了法定入股程序后方视为乙方业已入股，成为公司股东。

2.乙方转让股份，须提前叁个月通知甲方及其他股东且履行相应的法律程序。

3.乙方入股后不得撤资。

4.转让股份在同等条件下第一大股东有优先购买权。

第三条　股东（乙方）的权利及义务

1.依公司章程享有股东权利，承担股东义务；

2.依据<u>0.85%</u>的出资比例享有公司利润，承担公司亏损；

3.对成为公司股东之前的公司经营利润不享有任何权益、对营业损失及债务亦不承担任何责任；乙方成为公司股东之后，若由于公司清偿乙方成为股东之前的债务致使乙方遭受损失的，由甲方向乙方承担赔偿责任。

4.应按本协议书之约定十五个工作日内支付相应款项。

第四条　承诺

甲方承诺，东北发动机有限公司系合法注册，现依法经营的合法公司，否则，向乙方承担缔约过失责任，如还有其他损失，应据实赔偿。

第五条　违约责任

乙方若迟延支付款项致使公司遭受重大损失的，应给予相应的赔偿；若甲方因重大过错，致使公司遭受资金损失的，应当向乙方承担相应的赔偿责任。

第六条　争议的解决

因执行本合同所发生的或与本合同有关的一切争议，双方应通过友好协商解决，如协商不能解决，应向有管辖权的法院起诉。

第七条　合同生效及其他

1. 本协议未尽事宜，双方应共同协商，并且须签订补充协议。
2. 本协议书共肆份，双方各两份。自双方签字之日起生效。

甲方：东北发动机有限公司　　　　　乙方：张兴国

法定代表/授权代表：马英　　　　　　法定代表/授权代表：

签字日期：2019年10月5日　　　　　签字日期：2019年10月5日

自然人投资入股协议书

甲方：东北发动机有限公司　　　公司地址：长春市东风大街1888号
乙方：楚浩然　　　　　　　　　身份证号：220104197108180213

甲、乙双方一致认同，乙方作为新的投资人与甲方共同经营东北发动机有限公司（以下简称"公司"），成为该公司股东。双方本着互利互惠、共同发展的原则，经充分协商，依据《中华人民共和国公司法》以及相关法律法规之规定，特订立本协议。各方按如下条款，享有权利，履行义务。

第一条　出资金额、方式、期限

1. 乙方以货币方式出资，出资金额为人民币400万元（肆佰万元），占公司股份总数的0.85%。
2. 乙方自本协议签订之日起十五个工作日内向公司注入以上出资。
3. 乙方在成为公司股东之后，依上述两项约定履行出资义务。

第二条　入股及股份的转让

1. 依法履行了法定入股程序后方视为乙方业已入股，成为公司股东。
2. 乙方转让股份，须提前叁个月通知甲方及其他股东且履行相应的法律程序。
3. 乙方入股后不得撤资。
4. 转让股份在同等条件下第一大股东有优先购买权。

第三条　股东（乙方）的权利及义务

1. 依公司章程享有股东权利，承担股东义务；
2. 依据0.85%的出资比例享有公司利润，承担公司亏损；
3. 对成为公司股东之前的公司经营利润不享有任何权益、对营业损失及债务亦不承担任何责任；乙方成为公司股东之后，若由于公司清偿乙方成为股东之前的债务致使乙方遭受损失的，由甲方向乙方承担赔偿责任。
4. 应按本协议书之约定十五个工作日内支付相应款项。

第四条 承诺

甲方承诺，东北发动机有限公司系合法注册，现依法经营的合法公司，否则，向乙方承担缔约过失责任，如还有其他损失，应据实赔偿。

第五条 违约责任

乙方若迟延支付款项致使公司遭受重大损失的，应给予相应的赔偿；若甲方因重大过错，致使公司遭受资金损失的，应当向乙方承担相应的赔偿责任。

第六条 争议的解决

因执行本合同所发生的或与本合同有关的一切争议，双方应通过友好协商解决，如协商不能解决，应向有管辖权的法院起诉。

第七条 合同生效及其他

1. 本协议未尽事宜，双方应共同协商，并且须签订补充协议。
2. 本协议书共肆份，双方各两份。自双方签字之日起生效。

甲方：东北发动机有限公司　　　　乙方：楚浩然

法定代表/授权代表：马实　　　　法定代表/授权代表：

签字日期：2019年10月5日　　　签字日期：2019年10月5日

自然人投资入股协议书

甲方：东北发动机有限公司　　　公司地址：长春市东风大街1888号
乙方：程菲　　　　　　　　　　身份证号：220104197604172428

甲、乙双方一致认同，乙方作为新的投资人与甲方共同经营东北发动机有限公司（以下简称"公司"），成为该公司股东。双方本着互利互惠、共同发展的原则，经充分协商，依据《中华人民共和国公司法》以及相关法律法规之规定，特订立本协议。各方按如下条款，享有权利，履行义务。

第一条 出资金额、方式、期限

1. 乙方以货币方式出资，出资金额为人民币<u>400</u>万元（<u>肆佰万元</u>），占公司股份总数的<u>0.85%</u>。
2. 乙方自本协议签订之日起十五个工作日内向公司注入以上出资。
3. 乙方在成为公司股东之后，依上述两项约定履行出资义务。

第二条 入股及股份的转让

1. 依法履行了法定入股程序后方视为乙方业已入股，成为公司股东。
2. 乙方转让股份，须提前叁个月通知甲方及其他股东且履行相应的法律程序。

3. 乙方入股后不得撤资。

4. 转让股份在同等条件下第一大股东有优先购买权。

第三条 股东（乙方）的权利及义务

1. 依公司章程享有股东权利，承担股东义务；

2. 依据<u>0.85%</u>的出资比例享有公司利润，承担公司亏损；

3. 对成为公司股东之前的公司经营利润不享有任何权益、对营业损失及债务亦不承担任何责任；乙方成为公司股东之后，若由于公司清偿乙方成为股东之前的债务致使乙方遭受损失的，由甲方向乙方承担赔偿责任。

4. 应按本协议书之约定十五个工作日内支付相应款项。

第四条 承诺

甲方承诺，东北发动机有限公司系合法注册，现依法经营的合法公司，否则，向乙方承担缔约过失责任，如还有其他损失，应据实赔偿。

第五条 违约责任

乙方若迟延支付款项致使公司遭受重大损失的，应给予相应的赔偿；若甲方因重大过错，致使公司遭受资金损失的，应当向乙方承担相应的赔偿责任。

第六条 争议的解决

因执行本合同所发生的或与本合同有关的一切争议，双方应通过友好协商解决，如协商不能解决，应向有管辖权的法院起诉。

第七条 合同生效及其他

1. 本协议未尽事宜，双方应共同协商，并且须签订补充协议。

2. 本协议书共肆份，双方各两份。自双方签字之日起生效。

甲方：东北发动机有限公司　　　　　乙方：程菲

法定代表/授权代表：马实　　　　　法定代表/授权代表：

签字日期：2019年10月5日　　　　签字日期：2019年10月5日

中国工商银行 个人业务凭证（填单）

NO: 05857729

2019年10月15日　序号：　　　序号：

收款人户名：	东北发动机有限公司	收款人账（卡）号：	20081665888888888
收款行行名：	工商银行东风大街支行		
币种：	人民币	付款人账（卡）号：6222084200007915621	

客户填写：
- 储种：☑活期账户　□定期一本通　□整存整取　□教育储蓄　□通知存款　□一天通知　□七天通知　□其他
- 存期：___月　□到期不自动约转　□到期自动约转　（约转存期___月）
- 存取人姓名：马实　证件名称：身份证　证件号：
- 电话：13843019999　客户印鉴：
- 代理人姓名：　　证件名称：　　证件号：
- 电话：　　邮编：　　代理人地址：

金额：
	亿	千	百	十	万	千	百	十	元	角	分
□钞 ☑汇	¥	1	9	5	5	0	0	3	2	5	2	4	7	0	0

（注：加盖"东风大街支行"印章）

客户确认：本人已确认阅读本凭证背面"客户须知"，兹确认所提供的业务资料真实、有效且"客户填写"要素填写正确、无误，并同意银行照此办理。

客户签名：马实

备注：

其他（略）。

中国工商银行 个人业务凭证（填单）

NO: 05854391

2019年10月15日

收款人户名：	东北发动机有限公司	序号：
收款行行名：	工商银行东风大街支行	
付款人账（卡）号：	6222084200008837152	序号：
收款人账（卡）号：	20081665888888	

币种：人民币

储种：☑活期账户　□定期一本通　□整存整取　□教育储蓄
　　　□通知存款　　（□一天通知　□七天通知）　□其他

存期：＿＿月　□到期不自动约转　（约转存期＿＿月）
　　　　　　　□到期自动约转

	亿	千	百	十	万	千	百	十	元	角	分
□钞 金额			¥	8	0	0	0	1	6	7	8	5	1
□汇													

（钞/汇）金额：2 2 0 1 0 4 1 9 6 3 0 5 1 6 7 8 5 1

存/取汇款人姓名：付忠　　　证件名称：身份证　　证件号：
电话：13944190009　　客户印鉴：

代理人姓名：＿＿＿　证件名称：＿＿＿　证件号：
电话：＿＿＿　　　邮编：＿＿＿　　代理人地址：＿＿＿

本人已确认阅读本凭证背面"客户须知"，兹确认所提供的业务资料真实、无误，并同意银行照此办理。"客户填写"要素填写正确、无误，有效日"客户签字"。

客户签名：付忠

备注：

中国工商银行 个人业务凭证（填单）

NO: 05853 5425

2019年10月15日

收款人户名：	东北发动机有限公司	收款人账（卡）号：	20081665888888888	序号：
收款行行名：	工商银行东风大街支行			序号：

币种：☑人民币

付款人账（卡）号：6222084200005313445

储种：☑活期账户　□定期一本通　□整存整取　□教育储蓄
　　　□通知存款　（□一天通知　□七天通知）　□其他_____

存期：____月　□到期不自动约转　（约转存期____月）
　　　　　　　□到期自动约转

	亿	千	百	十	万	千	百	十	元	角	分
□钞 金额	￥			9	6	6	0	0	0	0	0
□汇		2	2	1	9	6	0	2	0	0	0
								0	1	3	4	2	1

存取/汇款人姓名：张兴国　　证件名称：身份证　　证件号：_____
电话：13596066666　　客户印鉴：张兴国

代理人姓名：_____　证件名称：_____　证件号：_____
电话：_____　　　邮　编：_____　代理人地址：_____

本人已确认阅读本凭证背面"客户须知"，要素填写正确、无误，并同意银行照此办理。兹确认所提供的业务资料真实、有效且"客户填写"

客户签名：张兴国

备注：

中国工商银行 个人业务凭证（填单）

NO: 058574637

2019年10月15日

收款人户名：	东北发动机有限公司	收款人账（卡）号：	20081665888888888	序号：
收款行行名：	工商银行东风大街支行			
付款人账（卡）号：	622084200006129499			序号：

币种：人民币

储种：☑活期账户 □定期一本通 □整存整取 □教育储蓄
□通知存款 （□一天通知 □七天通知） □其他

存期：___月 □到期不自动约转 （约转存期___月）
□到期自动约转

	证件名称：	身份证
存/取/汇款人姓名：楚浩然	客户印鉴：	证件号：楚浩然
电话：15943090909		
代理人姓名：	证件名称：	证件号：
电话：	邮编：	代理人地址：

金额：¥ 41908.0003 （亿千百十万千百十元角分）
□钞 □汇

东风大街支行（印章）

本人已确认阅读本凭证背面"客户须知"，兹确认所提供的业务资料真实，"客户填写"要素填写正确、无误，并同意银行照此办理。

客户签名：楚浩然

备注：

中国工商银行 个人业务凭证（填单）

NO: 058588988

2019年10月5日

收款人户名：	东北发动机有限公司		序号：
收款行行名：	工商银行东风大街支行		
收款人账（卡）号：	2008166588888888		
付款人账（卡）号：	6222084200779797		序号：

币种：__人民币__

储种：☑活期账户 □定期一本通 □整存整取 □教育储蓄
　　　□通知存款　（□一天通知　□七天通知）　□其他

存期：___月___　□到期不自动约转　（约转存期___月）
　　　　　　　　 □到期自动约转

		钞 金额	亿	千	百	十	万	千	百	十	元	角	分
		□钞 汇	¥			4	0	0	0	0	0	0	0
					9	7	6	0	4	1	7	2	4	2	8
			2	2	0	1	0	4							

存/取/汇款人姓名：__程菲__　　证件名称：__身份证__　　证件号：_____

电话：__13843001976__　　客户印鉴：_____

代理人姓名：_____　　证件名称：_____　　证件号：_____

电话：_____　　邮编：_____　　代理人地址：_____

本人已确认阅读本凭证背面"客户须知"，签字确认所提供的业务资料真实，无误，并同意银行照此办理。"客户填写"要素填写正确、有效且不得涂改。

客户签名：程菲

备注：

30501 成本会计——标准成本差异

经济业务	标准成本差异计算	更新时间	2019年12月	经济业务摘要
岗　　位	成本会计	级　　别	高级	车间同时计算定额成本差异和标准成本差异并出具标准成本差异报告
工作方式	手工			

经济业务内容

长春光华齿轮厂是东北发动机有限公司的下属子公司，为其提供传动装置万向节的制造。该公司仅有机加车间一个车间，并且只生产万向节一种产品。请根据期初资料和当期发生资料计算定额成本差异报告和标准成本差异报告。

经济业务处理要求

主要计算机加车间的标准成本差异。通过工时消耗定额和材料消耗定额以及标准费用预算表，计算出车间的定额差异与标准差异，披露企业在生产过程中产生的差异及按责任车间、分成本项目、分零部件反映相应的成本、差异等数据，并出具按差异产生原因设置明细的标准成本差异报告。

经济业务流程

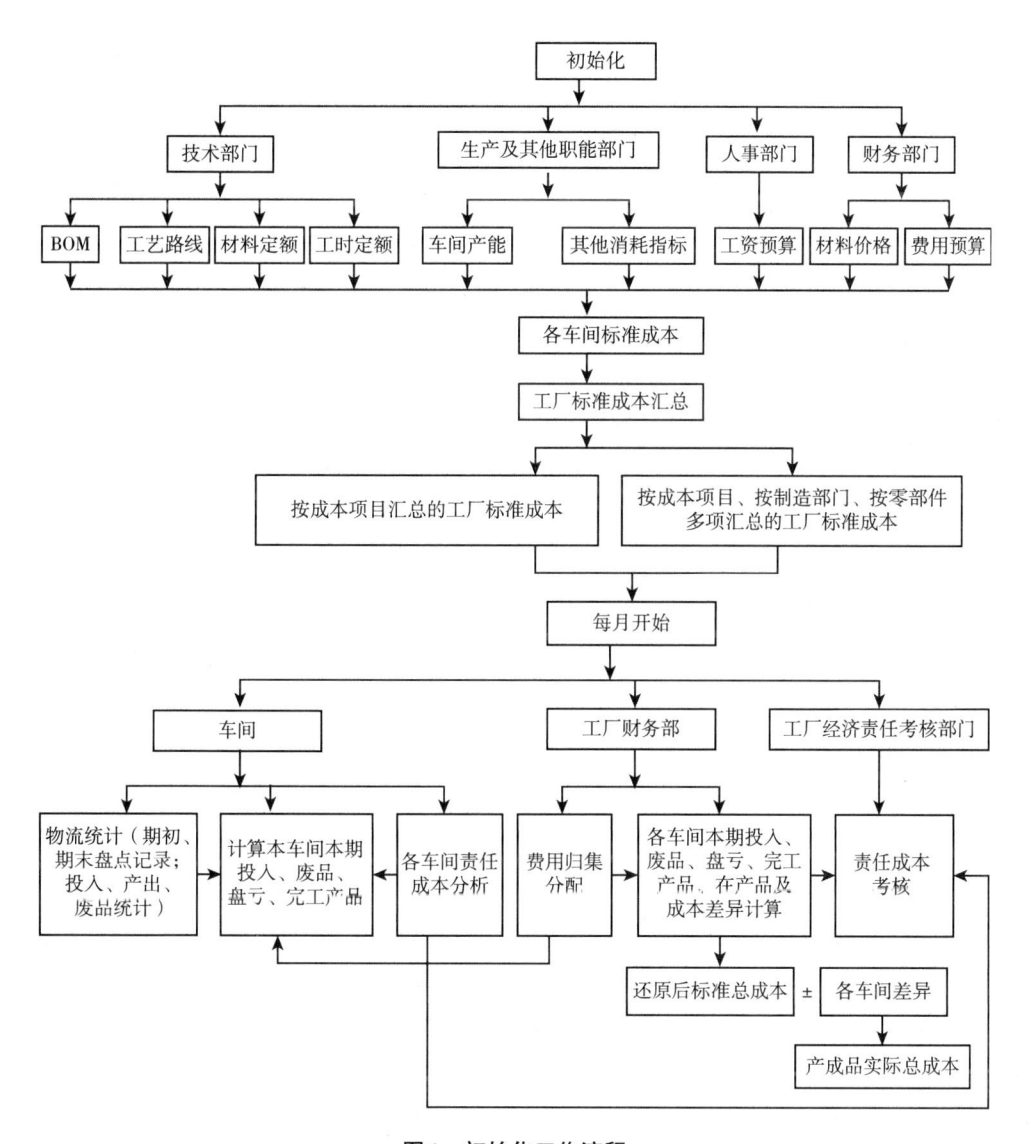

图1　初始化工作流程

期初资料（自制原始凭证）

表1   **材料消耗定额表**

产品代码：101   产品名称 万向节

材料投入工序	工序号	1	2
	工序名称	切端	翻边
材料消耗定额	代码	2001	
	名称	碳结钢	
	规格	50Φ	
	单位	公斤	
	用量	10.00	
	单价	8.00	
	金额	80.00	

制表人：王丹

原材料在第一道工序一次性投入。

表2   **工时消耗定额表**

产品代码：101   产品名称 万向节

工序		工时	
序号	名称	当序	累计
1	切端	1.2	1.2
2	翻边	1.2	2.4
3	切舌	2.3	4.7
4	冲孔	1.2	5.9
5	扩孔	0.9	6.8
6	压凸	1.2	8.0
7	成形	2.6	10.6
8	拉伸	3.2	13.8
9	涨形	1.2	15.0
10	终检		15.0

制表人：王丹

总共10道工序，累计工时为15。

表3　　　　　　　　　标准费用预算表（机加车间）

成本项目	成本习性	费用明细	年度预算	月份预算	小时预算
人工成本		人工成本	1 080.00	90.00	1.00
制造费用	固定费用	折旧费	1 296.00	108.00	1.20
		修理费	1 188.00	99.00	1.10
		干部工资	432.00	36.00	0.40
		劳保用品	324.00	27.00	0.30
	变动费用	刀具费	2 160.00	180.00	2.00
	工时预算		1080	90	1
成本标准	成本项目	人工成本	1 080.00	90.00	1.00
		制造费用	5 400.00	450.00	5.00
	成本习性	固定费用	4 320.00	360.00	4.00
		变动费用	2 160.00	180.00	2.00
	合计		6 480.00	540.00	6.00

制表人：王丹

由表1、表2、表3数据得出表4标准成本卡片。

表4　　　　　　　　　　标准成本卡片

车间：机加　　　　　　　2019年10月　　　　　　　产品名称：万向节

成本代码	产品名称	原材料	直接人工	制造费用	合计	工时	备注
101	万向节	80.00	15.00	75.00	170.00	15	
小时费用标准			1.00	5.00	6.00		

空白表单（自制原始凭证）。

表5　　　　　　　　　　在产品盘点表

车间：机加　　　　　　　代码：101　　　　　　　名称：万向节

工序		在产品		
序号	名称	数量	当序累计工时	总工时
1	切端			
2	翻边			
3	切舌			
4	冲孔			
5	扩孔			
6	压凸			
7	成形			
8	拉伸			
9	涨形			
10	终检			
	合计			

制表人：

表6　　　　　　　　　　　　　生产费用统计表

车间：机加

成本项目	成本习性	费用明细	实际数	备注
人工成本		人工成本		
制造费用	固定费用	折旧费		
		修理费		
		干部工资		
		劳保用品		
	变动费用	刀具费		
原材料		原材料		
合计				
制造费用合计				

制表人：

表7　　　　　　　　　　　　　产成品　入库单

库别：　　　　　　　　　　　　　　年　月　日

产品代码	产品名称	规格型号	计量单位	数量	备注
合计					

第一联 车间　第二联 保管　第三联 会计

入库人：　　　　　　检查员：　　　　　　库管员：

表8　　　　　　　　　　　　　产品成本计算单

车间：机加　　　　年　月　　　　产品代码：　　　　产品名称：

成本项目	产品数量	原材料	直接人工	制造费用	合计	标准工时	实动工时
期初结转							
本期发生							
合计							
转出定额							
转出差异							
期末在产							

表9   **标准成本差异报告**

车间：机加   年 月   小时固定费用

成本项目	成本习性	费用明细	预算	实际	差异
人工成本		人工成本			
制造费用	固定费用开支差异	折旧费			
		修理费			
		干部工资			
		劳保用品			
原材料	变动费用耗费差异	刀具费			
		原材料			
产量差异		能力利用差异（工时）			
		工作效率差异（工时）			
		小计			
	合计				

经济业务证明（自制原始凭证，见表10~表15）

表10   **12月在产品盘点表**

车间：机加   代码：101   名称：万向节

工序		在产品		
序号	名称	数量	当序累计工时	总工时
1	切端			
2	翻边			
3	切舌			
4	冲孔			
5	扩孔			
6	压凸			
7	成形			
8	拉伸			
9	涨形			
10	终检	6	15	90
合计		6	15	90

制表人：王丹

在产品单位工时15×数量6=总工时90。

表11　　　　　　　　　　　领料单

领用部门　机加车间
产品项目　万向节　　　　　　　　2019年12月　　　　　　　　　　　　单位：元

编号	名称	单价	数量	总价
2001	碳结钢	8.00	100.625	805.00

审批人：简冠　　　　　　　　发料人：马龙　　　　　　　　领料人：刘洋

表12　　　　　　　　　　生产费用统计表

车间：机加　　　　　　　　　　12月份

成本项目	成本习性	费用明细	实际数	备注
人工成本		人工成本	120.00	
制造费用	固定费用	折旧费	108.00	
		修理费	90.00	
		干部工资	39.00	
		劳保用品	28.00	
	变动费用	刀具费	302.00	
原材料		原材料	805.00	
	合计		1 492.00	
	制造费用合计		567.00	

制表人：王丹

表13　　　　　　　　　车间实动工时统计表

2019年12月

车间	零件代码	零件名称	零件实动工时	车间实动工时
机加	101	万向节	130	130

制表人：王丹

表14　　　　　　　　　__产成品__ 入库单

库别：产成品库　　　　　　　　2019年12月31日

产品代码	产品名称	规格型号	计量单位	数量	备注
101	万向节		个	4	
	合计			4	

第一联　车间　　　第二联　保管　　　第三联　会计

入库人：刘洋　　　　　检查员：简冠　　　　　库管员：万龙

表15　　　　　　　　　完工产品统计表

车间：机加　　　　　　　　　　2019年12月

产品代码	产品名称	完工入库	备注
101	万向节	4	130
	合计	4	

车间主任：任强　　　　　车间调度：周旋　　　　　车间统计员：李娜

30601 税务会计——企业所得税纳税调整

经济业务	企业所得税纳税调整	更新时间		经济业务摘要
岗　　位	综合会计	级　　别	高级	企业所得税纳税调整
工作方式	手工			

经济业务内容

对东北发动机有限公司2019年度企业所得税进行汇算清缴，2019年公司会计利润9 429 391.79元，公司所得税税率为25%。2019年涉及纳税调整事项如下：

1. 开发新产品发生费用化研究开发支出100万元。
2. 营业收入145 678 976.09元，当年实际发生的业务招待费60万元。
3. 向关联企业支付的管理费用40万元。
4. 因违反当地有关环保法规的规定，接到环保部门的处罚通知，支付罚款5万元。
5. 计入成本费用的职工工资总额2 142.86万元，全年职工福利性支出400万元。
6. 企业2017年1月接受捐赠生产用固定资产，入账价值按100万元确认捐赠收入，并入当期应纳税所得，依法计算缴纳企业所得税，折旧年限10年，按直线法计提折旧。假定会计折旧计提方法、残值和折旧年限均符合税法的规定。
7. 为高级管理人员个人向商业保险机构投保的普通人寿保险50万元，以及在基本养老保险以外为雇员投保的补充养老保险20万元。
8. 2019年发生无发票白条支出共计50万元。
9. 1月1日，为生产经营向关联方借入1年期经营性资金400万元，关联借款利息支出30万元，该关联方对企业的权益性投资为300万元，银行同期同类借款年利率为6%。

对上述交易或事项已按《企业会计准则》规定进行处理，除上述各项外，企业会计处理与税务处理不存在其他差异。

经济业务处理要求

掌握企业所得税法纳税调整事项调整政策及方法，进行2019年度企业所得税汇算清缴。

经济业务流程

东北发动机有限公司

流程名称：企业所得税纳税调整
流程代码：30601
更新时间：2019年12月
风险点：

部门名称	财务部	审批人	柴章
主责岗位	综合	会签	范婷、高翔、董芳、丁磊 邓欢、陈晓、陈曼、刘玉
编辑人	付晶		

流程图

开始 → NO.1 综合会计确定纳税调整事项 → NO.2 会计计算应纳税所得额计提所得税 → NO.3 财务部长审批 → NO.4 会计网上申报 → 结束

中华人民共和国企业所得税年度纳税申报表（A类）

行次	类别	项目	金额
1	利润总额计算	一、营业收入(填写A101010\101020\103000)	145,678,976.09
2		减：营业成本(填写A102010\102020\103000)	94,987,664.78
3		营业税金及附加	5,069,132.13
4		销售费用(填写A104000)	14,454,328.78
5		管理费用(填写A104000)	11,956,376.89
6		财务费用(填写A104000)	9,654,321.89
10		二、营业利润(1-2-3-4-5-6-7+8+9)	9,557,161.62
12		减：营业外支出(填写A102010\102020\103000)	127,769.83
13		三、利润总额 (10+11-12)	9,429,391.79
15	应纳税所得额计算	加：纳税调整增加额 (填写A105000)	2,450,000.00
16		减：纳税调整减少额 (填写A105000)	
17		减：免税、减计收入及加计扣除 (填写A107010)	500,000.00
18		加：境外应税所得抵减境内亏损 (填写A108000)	
19		四、纳税调整后所得 (13-14+15-16-17+18)	11,379,391.79
23		五、应纳税所得额 (19-20-21-22)	11,379,391.79
24	应纳税额计算	税率 (25%)	25%
25		六、应纳所得税额 (23×24)	2,844,847.95
26		七、应纳税额 (25-26-27)	2,844,847.95
31		八、实际应纳所得税额 (28+29-30)	2,844,847.95
33		九、本年应补（退）所得税额 (31-32)	2,844,847.95

纳税调整项目明细表

行次	项目	账载金额 1	税收金额 2	调增金额 3	调减金额 4
1	一、收入类调整项目 (2+3+4+5+6+7+8+10+11)				
12	二、扣除类调整项目 (13+14+15+16+17+18+19+20+21+22+23+24+25+26+27+28+29)			1,350,000.00	
13	(一) 预计销售成本 (填写A105010)				
14	(二) 职工薪酬 (填写A105050)	33,658,571.43	32,658,571.43	1,000,000.00	
15	(三) 业务招待费支出	600,000.00	360,000.00	240,000.00	
16	(四) 广告费和业务宣传费支出 (填写A105060)				
17	(五) 捐赠支出 (填写A105070)				
18	(六) 利息支出	300,000.00	240,000.00	60,000.00	
19	(七) 罚金、罚款和被没收财物的损失	50,000.00		50,000.00	
42	六、其他			1,100,000.00	
43	合计 (1+12+30+35+41+42)			2,450,000.00	

流程描述

NO.1 综合会计确定纳税调整事项。

NO.2 综合会计计算应纳税所得额并计提所得税。

NO.3 财务部长审批。

NO.4 综合会计进行网上申报

经济业务证明（自制原始凭证）

资产负债表

2019年12月31日

编制单位：东北发动机有限公司

单位：元

资产	行次	期末余额	年初余额	负债和所有者权益（或股东权益）	行次	期末余额	年初余额
流动资产：				流动负债：			
货币资金	2	11 345 678.90	15 859 388.00	短期借款	34		
交易性金融资产	3			交易性金融负债	35	20 000 000.00	20 000 000.00
应收票据	4	2 000 000.00	3 000 000.00	应付票据	36		
应收账款	5	9 345 673.65	4 068 662.00	应付账款	37	4 320 000.00	3 200 000.00
预付款项	6	7 654 389.76	9 482 616.00	预收款项	38	2 345 678.98	4 306 080.00
应收利息	7			应付职工薪酬	39		7 200 000.00
应收股利	8			应交税费	40		
其他应收款	9	25 000.00	35 000.00	应付利息	41	2 451 345.67	1 450 022.00
存货	10	3 214 678.87	5 154 673.37	应付股利	42		
流动资产合计	13	33 585 426.18	37 600 339.37	其他流动负债	43	0.00	8 000 000.00
非流动资产：	14			流动负债合计	46		
可供出售金融资产	15			非流动负债：	47	29 117 024.65	44 156 102.00
固定资产	20	78 366 789.98	81 200 567.28	预计负债	48		
					53		

续表

资产	行次	期末余额	年初余额	负债和所有者权益（或股东权益）	行次	期末余额	年初余额
在建工程	21	8 769 555.00	6 551 813.57	递延收益	54	4 000 000.00	700 000.00
工程物资	22			其他非流动负债	55		
固定资产清理	23			非流动负债合计	56	4 000 000.00	700 000.00
生产性生物资产	24			负债合计	57	33 117 024.65	44 856 102.00
油气资产	25			所有者权益（或股东权益）：	58		
无形资产	26	10 484 223.63	8 162 960.13	实收资本（或股本）	59	80 000 000.00	80 000 000.00
递延所得税资产	30			盈余公积	63	8 320 000.00	8 320 000.00
其他非流动资产	31			未分配利润	64	9 768 970.14	339 578.35
非流动资产合计	32	97 620 568.61	95 915 340.98	所有者权益（或股东权益）合计	65	98 088 970.14	88 659 578.35
资产总计	33	131 205 994.79	133 515 680.35	负债和所有者权益（或股东权益）总计	66	131 205 994.79	133 515 680.35

利润表

编制单位：东北发动机有限公司　　　2019年12月　　　　　　　　　　　　　单位：元

项目	行数	本年金额	上年金额
一、营业收入	1	145 678 976.09	90 456 897.97
减：营业成本	2	94 987 654.78	78 086 549.89
税金及附加	3	5 069 132.13	3 454 398.89
销售费用	4	14 454 328.78	3 476 438.78
管理费用	5	11 956 376.89	1 845 378.89
财务费用	6	9 654 321.89	1 123 456.76
资产减值损失	7		
加：公允价值变动收益（损失以"-"号填列）	8		
投资收益（损失以"-"号填列）	9		
其中：对联营企业和合营企业的投资收益	10		
二、营业利润（亏损以"-"号填列）	11	9 557 161.62	2 470 674.76
加：营业外收入	12		
减：营业外支出	13	127 769.83	
其中：非流动资产处置损失	14		
三、利润总额（亏损总额以"-"号填列）	15	9 429 391.79	2 470 674.76
减：所得税费用	16		
四、净利润（净亏损以"-"号填列）	17	9 429 391.79	2 470 674.76

明　细　账

会计科目：160101　固定资产——房屋建筑物　　　　　　　　　　　共1页　第1页

2019年		凭证号	摘要	借方	贷方	借或贷	余额
月	日						
			月初余额			借	43 576 908.40
			本月合计				
			本年累计				

单位：东北发动机有限公司　　　　　　　　　　　　　　　　　　　　会计员：顾波

明　细　账

会计科目：160102　固定资产——机床　　　　　　　　　　　　　共1页　第1页

2019年		凭证号	摘要	借方	贷方	借或贷	余额
月	日						
			月初余额			借	30 120 306.91
			本月合计				
			本年累计				

单位：东北发动机有限公司　　　　　　　　　　　　　　　　　　　　会计员：顾波

明 细 账

会计科目：160103 固定资产——办公家具　　　　　　　　　　　　　共1页　第1页

2019年		凭证号	摘要	借方	贷方	借或贷	余额
月	日						
			月初余额			借	3 756 789.00
			本月合计				
			本年累计				

单位：东北发动机有限公司　　　　　　　　　　　　　　　　　　　会计员：顾波

明 细 账

会计科目：160104 固定资产——车辆　　　　　　　　　　　　　　共1页　第1页

2019年		凭证号	摘要	借方	贷方	借或贷	余额
月	日						
			月初余额			借	5 463 789.89
			本月合计				
			本年累计				

单位：东北发动机有限公司　　　　　　　　　　　　　　　　　　　会计员：顾波

明 细 账

会计科目：160105 固定资产——电脑　　　　　　　　　　　　　　共1页　第1页

2019年		凭证号	摘要	借方	贷方	借或贷	余额
月	日						
			月初余额			贷	5 748 995.78
12	9	13			—	贷	5 748 995.78
			本月合计		—		
		……					
			本年累计		—		

单位：东北发动机有限公司　　　　　　　　　　　　　　　　　　　会计员：顾波

明 细 账

会计科目：160201 累计折旧——房屋建筑物　　　　　　　　　　　共1页　第1页

2019年		凭证号	摘要	借方	贷方	借或贷	余额
月	日						
			年初余额			贷	7 155 111.67
		……					
12	9	13	计提折旧		117 963.50	贷	8 570 673.63
			本月合计		117 963.50		
			本年累计		1 415 561.96		

单位：东北发动机有限公司　　　　　　　　　　　　　　　　　　　会计员：顾波

明 细 账

会计科目：160202　累计折旧——机床　　　　　　　　　　　　　　共1页　第1页

2019年		凭证号	摘要	借方	贷方	借或贷	余额
月	日						
			年初余额			贷	700 000.00
		……					
12	9	13	计提折旧		—	贷	1 014 567.87
			本月合计		—		
		……					
			本年累计		314 567.87		

单位：东北发动机有限公司　　　　　　　　　　　　　　　会计员：顾波

明 细 账

会计科目：160203　累计折旧——家具　　　　　　　　　　　　　　共1页　第1页

2019年		凭证号	摘要	借方	贷方	借或贷	余额
月	日						
			年初余额			贷	311 111.03
		……					
12	9	13	计提折旧		—	贷	345 678.90
			本月合计		—		
		……					
			本年累计		34 567.87		

单位：东北发动机有限公司　　　　　　　　　　　　　　　会计员：顾波

明 细 账

会计科目：160204　累计折旧——车辆　　　　　　　　　　　　　　共1页　第1页

2019年		凭证号	摘要	借方	贷方	借或贷	余额
月	日						
			年初余额			贷	200 000.00
		……					
12	9	13	计提折旧		—	贷	234 523.60
			本月合计		—		
		……					
			本年累计		34 523.60		

单位：东北发动机有限公司　　　　　　　　　　　　　　　会计员：顾波

明 细 账

会计科目：160205　累计折旧——电脑　　　　　　　　　　　　　　　　共1页　第1页

2019年		凭证号	摘要	借方	贷方	借或贷	余额
月	日						
			年初余额			贷	100 000.00
		……					
12	9	13	计提折旧		—	贷	134 556.00
			本月合计		—		
		……					
			本年累计		34 556.00		

单位：东北发动机有限公司　　　　　　　　　　　　　　　　会计员：顾波

明 细 账

会计科目：170201　累计摊销——土地使用权　　　　　　　　　　　　共1页　第1页

2019年		凭证号	摘要	借方	贷方	借或贷	余额
月	日						
			月初余额			贷	2 241 082.44
12	9	13	计提累计摊销		26 771.96	贷	2 267 854.40
			本月合计		26 771.96		
		……					
			本年累计		321 263.50		

单位：东北发动机有限公司　　　　　　　　　　　　　　　　会计员：顾波

明 细 账

会计科目：170202　累计摊销——软件　　　　　　　　　　　　　　　共1页　第1页

2019年		凭证号	摘要	借方	贷方	借或贷	余额
月	日						
			月初余额			贷	29 466.80
12	9	13	计提累计摊销		2 678.80	贷	32 145.60
			本月合计		2 678.80		
		……					
			本年累计		32 145.6		

单位：东北发动机有限公司　　　　　　　　　　　　　　　　会计员：顾波

明 细 账

会计科目：220601　应付职工薪酬——工资　　　　　　　　　　　　　共1页　第1页

2019年		凭证号	摘要	借方	贷方	借或贷	余额
月	日						
		……					
			本年累计	21 428 571.43	21 428 571.43		

单位：东北发动机有限公司　　　　　　　　　　　　　　　　会计员：顾波

多栏式明细账

会计科目：660208 管理费用——研发支出

2019年		凭证号	摘要	借方发生额	贷方发生额	余额	借方明细			
月	日						材料费	工资	折旧费	评审费
			……							
12	31	8	结转至本年利润		1 000 000.00	0.00	203 315.71	178 697.22	34 697.19	583 289.88
			本月合计	1 000 000.00	1 000 000.00	0.00				
			本年累计	1 000 000.00			203 315.71	178 697.22	34 697.19	583 289.88

多栏式明细账

会计科目：6603 财务费用

2019年		凭证号	摘要	借方发生额	贷方发生额	余额	借方明细	
月	日						利息支出及手续费	利息收入
			月初余额				……	……
12	31	49	支付关联方借款利息	240 124.26			300 000.00	
			结转至本年利润		240 124.26			
			本月合计	240 124.26	240 124.26	0.00	300 000.00	0.00
			本年累计	9 654 321.89	9 654 321.89		9 855 556.65	201 234.76

明 细 账

会计科目：6604　营业外支出
共1页　第1页

2019年 月	日	凭证号	摘要	借方发生额	贷方发生额	借或贷	余额
			月初余额			贷	
		……					
12	31	13	环保罚款支出	50 000.00			
12	31	49	结转至本年利润		50 000.00		
			本月合计	50 000.00	50 000.00		
			本年累计	127 769.83	127 769.83		

30801综合会计——合并报表

经济业务	合并报表	更新时间		经济业务摘要
岗　　位	综合会计	级　　别	高级	合并报表
工作方式	手工			

经济业务内容

东北发动机有限公司下设长春机械厂和东北齿轮有限公司两家子公司,其中持有长春机械厂的股权比例是20%,持有东北齿轮有限公司的股权比例是100%。

根据长春机械厂章程规定:该公司董事会成员5人,由东北发动机有限公司委派4人,财务管理团队全部由东北发动机有限公司委派,东北发动机有限公司有权决定公司的所有财务和经营政策,对其具有实质控制权。

经济业务处理要求

编制2019年12月31日,东北发动机有限公司的合并财务报表(假定内部购销12月31日全部对外销售,无未实现内部损益;暂不考虑现金流量表补充资料)。

经济业务流程

东北发动机有限公司

- 流程名称：合并报表
- 流程代码：30801
- 更新时间：2018年12月
- 风险点：

部门名称	财务部	审批人	柴章
主责岗位	综合	会签	范婷、高翔、董芳、丁磊、邓欢、陈晓、陈曼、刘玉
编辑人	付晶		

流程图

开始 → NO.1 综合会计确定合并范围 → NO.2 按权益法进行损益调整 → NO.3 编制合并抵销分录 → NO.4 编制合并工作底稿 → NO.5 编制合并报表 → NO.6 财务部长审批 → 结束

摘要	会计科目	借方金额	贷方金额
长春机械厂按权益法确认投资收益	长期股权投资	9,535,308.26	
	投资收益		-831,689.94
	年初未分配利润		10,366,998.21
	合计	9,535,308.26	9,535,308.26

摘要	会计科目	借方金额	贷方金额
长春机械厂合并抵销分录	实收资本	25,000,000.00	
	未分配利润	47,676,541.31	
	长期股权投资		14,535,308.26
	少数股东权益		58,141,233.05
	合计	72,676,541.31	72,676,541.31

摘要	会计科目	借方金额	贷方金额
长春机械厂合并抵销分录	投资收益	-831,689.94	
	少数股东损益	-3,326,759.78	
	年初未分配利润	51,834,991.03	
	年末未分配利润		47,676,541.31
	合计	47,676,541.31	47,676,541.31

摘要	会计科目	借方金额	贷方金额
内部往来抵销	其他应付款	300,000.00	
	其他应收款		300,000.00
	合计	300,000.00	300,000.00

合并资产负债表工作底稿

流程描述

NO.1 综合会计确定纳入合并范围的子公司。

NO.2 按权益法对长期股权投资进行损益调整，确认应享有的子公司所有者权益份额。

NO.3 编制合并抵销分录，抵销子公司的所有者权益和当期损益。

NO.4 编制合并工作底稿。

NO.5 编制合并报表。

NO.6 财务部长审批合并报表。

期初资料

编制单位：东北发动机有限公司

资产负债表
2019年12月31日

单位：元

资　产	期末余额	年初余额	负债和所有者权益（或股东权益）	期末余额	年初余额
流动资产：			流动负债：		
货币资金	96 010 417.71	116 659 227.48	短期借款	90 000 000.00	150 000 000.00
应收票据	15 324 517.67	20 367 284.02	应付票据	54 369 178.84	56 690 000.00
应收账款			应付账款	31 478 162.28	60 262 668.70
应收利息			应付职工薪酬		
预付账款	27 426 940.94	25 899 543.50	应交税费	2 092 918.43	734 606.43
其他应收款	43 887 420.05	52 826 185.41	预收账款	2 029 249.96	4 814 229.70
存货	44 640 047.88	73 241 311.45	应付股利		
一年内到期的非流动资产			其他应付款	40 562 479.34	45 644 864.94
流动资产合计	227 289 344.25	288 993 551.85	其他流动负债		
非流动资产：			流动负债合计	220 531 988.85	318 146 369.77
可供出售金融资产			非流动负债：		
持有至到期投资			长期借款		
长期应收款			应付债券		

续表

资　产	期末余额	年初余额	负债和所有者权益（或股东权益）	期末余额	年初余额
长期股权投资	10 000 000.00		长期应付款		
投资性房地产			专项应付款		
固定资产	81 543 594.83	107 074 141.28	预计负债		
在建工程			递延所得税负债		
工程物资			其他非流动负债		
固定资产清理			非流动负债合计		
生产性生物资产			负债合计	220 531 988.85	318 146 369.77
油气资产			所有者权益（或股东权益）：		
无形资产	288 853.42	313 129.10	实收资本（或股本）	10 000 000.00	10 000 000.00
开发支出			资本公积		
长期待摊费用	1 150 000.00	2 456 000.00	盈余公积	8 973 980.37	8 973 980.37
递延所得税资产			未分配利润	80 765 823.28	61 716 472.10
其他非流动资产			所有者权益（或股东权益）合计	99 739 803.65	80 690 452.47
非流动资产合计	92 982 448.25	109 843 270.38			
资产总计	320 271 792.50	398 836 822.24	负债和所有者权益（或股东权益）总计	320 271 792.50	398 836 822.24

利润表

编制单位：东北发动机有限公司　　　　　　　　　　　　　　　　　　单位：元

项目	本期金额
一、营业收入	447 961 169.01
减：营业成本	406 091 880.67
税金及附加	1 191 956.31
销售费用	3 514 530.10
管理费用	4 929 502.83
财务费用	5 323 187.51
资产减值损失	
加：公允价值变动收益（损失以"-"号填列）	
投资收益（损失以"-"号填列）	
其中：对联营企业和合营企业的投资收益	
二、营业利润（亏损以"-"号填列）	26 910 111.59
加：营业外收入	3 338.87
减：营业外支出	895 908.20
其中：非流动资产处置损失	
三、利润总额（亏损总额以"-"号填列）	26 017 542.26
减：所得税费用	6 968 191.08
四、净利润（净亏损以"-"号填列）	19 049 351.18

现 金 流 量 表

编制单位：东北发动机有限公司　　　　2019年12月31日　　　　　　　　　　单位：元

项　目	行次	金　额
一、经营活动产生的现金流量		
销售商品、提供劳务收到的现金	1	526 372 354.34
收到的税费返还	3	
收到的其他与经营活动有关的现金	8	
现金流入小计	9	526 372 354.34
购买商品、接受劳务支付的现金	10	453 014 296.44
支付给职工以及为职工支付的现金	12	12 398 135.35
支付的各项税费	13	5 520 690.72
支付的其他与经营活动有关的现金	18	8 444 032.93
现金流出小计	20	479 377 155.44
经营活动产生的现金流量净额	21	46 995 198.90
二、投资活动产生的现金流量		
收回投资所收到的现金	22	
取得投资收益所收到的现金	23	—
处置固定资产、无形资产和其他长期资产所收回的现金净额	25	
收到的其他与投资活动有关的现金	28	
现金流入小计	29	
购建固定资产、无形资产和其他长期资产所支付的现金	30	
投资所支付的现金	31	
支付的其他与投资活动有关的现金	35	
现金流出小计	36	—
投资活动产生的现金流量净额	37	—
三、筹资活动产生的现金流量		
吸收投资所收到的现金	38	
借款所收到的现金	40	
收到的其他与筹资活动有关的现金	43	
现金流入小计	44	—
偿还债务所支付的现金	45	62 320 821.16
分配股利、利润或偿付利息所支付的现金	46	5 323 187.51
支付的其他与筹资活动有关的现金	52	
现金流出小计	53	67 644 008.67
筹资活动产生的现金流量净额	54	−67 644 008.67
四、汇率变动对现金的影响	55	
五、现金及现金等价物净增加额	56	−20 648 809.77

补充资料	行次	金　额
1.将净利润调节为经营活动现金流量		
净利润	57	19 049 351.18
加：计提的资产减值准备	58	
固定资产折旧	59	25 530 546.45
无形资产摊销	60	24 275.68
长期待摊费用摊销	61	1 306 000.00
待摊费用减少（减：增加）	64	
预提费用增加（减：减少）	65	—
处置固定资产、无形资产和其他长期资产的损失（减：收益）	66	
固定资产报废损失	67	
财务费用	68	5 323 187.51
投资损失（减：收益）	69	—
递延税款贷项（减：借项）	70	—
存货的减少（减：增加）	71	-28 601 263.57
经营性应收项目的减少（减：增加）	72	12 454 134.26
经营性应付项目的增加（减：减少）	73	21 908 967.39
其他	74	
经营活动产生的现金流量净额	75	56 995 198.90
2.不涉及现金收支的投资和筹资活动		
债务转为资本	76	
一年内到期的可转换公司债券	77	
融资租入固定资产	78	
3.现金及现金等价物净增加情况		
现金的期末余额	79	96 010 417.71
减：现金的期初余额	80	116 659 227.48
加：现金等价物的期末余额	81	
减：现金等价物的期初余额	82	
现金及现金等价物净增加额	83	-20 648 809.77

资产负债表

2019年12月31日

编制单位：长春机械厂　　　　　　　　　　　　　　　　　　　　　　　　　　　　单位：元

资　产	期末余额	年初余额	负债和所有者权益（或股东权益）	期末余额	年初余额
流动资产：			流动负债：		
货币资金	9 138 110.23	7 947 572.09	短期借款	10 000 000.00	10 000 000.00
交易性金融资产			交易性金融负债		
应收票据			应付票据		
应收账款	3 035 962.91	8 777 251.92	应付账款	18 011 117.11	12 685 622.83
预付款项			预收款项	42 886.70	
应收利息			应付职工薪酬		19 215.84
应收股利			应交税费	-1 297 844.73	-422 026.65
其他应收款	12 476 865.83	8 903 949.14	应付利息		
存货	12 234 560.82	7 608 211.92	应付股利		
一年内到期的非流动资产			其他应付款	17 026 922.82	14 351 482.16
流动资产合计	36 885 499.79	33 236 985.07	其他流动负债		
			流动负债合计	43 783 081.90	36 634 294.18
非流动资产：			非流动负债：		
可供出售金融资产			长期借款		
持有至到期投资			应付债券		
长期应收款			长期应付款		
长期股权投资			专项应付款		
投资性房地产			递延收益	4 569 031.06	4 119 465.13
固定资产	75 882 765.51	75 692 866.86			

续表

资　产	期末余额	年初余额	负债和所有者权益（或股东权益）	期末余额	年初余额
固定资产清理			非流动负债合计	4 569 031.06	4 119 465.13
生产性生物资产			负债合计	48 352 112.96	40 753 759.31
油气资产			所有者权益（或股东权益）：		
无形资产	7 104 244.64	7 222 466.56	实收资本（或股本）	25 000 000.00	25 000 000.00
开发支出			资本公积		
商誉			减：库存股		
长期待摊费用	1 156 144.33	1 436 431.85	盈余公积		
递延所得税资产			未分配利润	47 676 541.31	51 834 991.03
其他非流动资产			所有者权益（或股东权益）合计	72 676 541.31	76 834 991.03
非流动资产合计	84 143 154.48	84 351 765.27			
资产总计	121 028 654.27	117 588 750.34	负债和所有者权益（或股东权益）总计	121 028 654.27	117 588 750.34

利润表

编制单位:长春机械厂　　　　　　　　　　　　　　　　　　　　　　　　　单位:元

项目	本年累计
一、营业收入	43 742 438.86
减:营业成本	37 713 234.59
税金及附加	17 203.76
销售费用	5 433 276.87
管理费用	3 312 208.92
财务费用	1 478 065.39
资产减值损失	—
加:公允价值变动收益(损失以"-"号填列)	—
投资收益(损失以"-"号填列)	964.38
二、营业利润(亏损以"-"号填列)	-4 210 586.29
加:营业外收入	54 542.48
减:营业外支出	2 405.91
三、利润总额(亏损总额以"-"号填列)	-4 158 449.72
减:所得税费用	—
四、净利润(净亏损以"-"号填列)	-4 158 449.72

现金流量表

编制单位：长春机械厂　　　　　2019年12月31日　　　　　单位：元

项　目	行次	金额
一、经营活动产生的现金流量		
销售商品、提供劳务收到的现金	1	56 962 829.18
收到的税费返还	3	
收到的其他与经营活动有关的现金	8	
现金流入小计	9	56 962 829.18
购买商品、接受劳务支付的现金	10	35 502 644.01
支付给职工以及为职工支付的现金	12	8 898 135.35
支付的各项税费	13	1 147 960.49
支付的其他与经营活动有关的现金	18	8 745 485.79
现金流出小计	20	54 294 225.64
经营活动产生的现金流量净额	21	2 668 603.53
二、投资活动产生的现金流量		
收回投资所收到的现金	22	
取得投资收益所收到的现金	23	—
处置固定资产、无形资产和其他长期资产所收回的现金净额	25	—
收到的其他与投资活动有关的现金	28	
现金流入小计	29	
购建固定资产、无形资产和其他长期资产所支付的现金	30	
投资所支付的现金	31	—
支付的其他与投资活动有关的现金	35	
现金流出小计	36	
投资活动产生的现金流量净额	37	—
三、筹资活动产生的现金流量		
吸收投资所收到的现金	38	
借款所收到的现金	40	
收到的其他与筹资活动有关的现金	43	
现金流入小计	44	—
偿还债务所支付的现金	45	
分配股利、利润或偿付利息所支付的现金	46	1 478 065.39
支付的其他与筹资活动有关的现金	52	
现金流出小计	53	1 478 065.39
筹资活动产生的现金流量净额	54	-1 478 065.39
四、汇率变动对现金的影响	55	
五、现金及现金等价物净增加额	56	1 190 538.14

补充资料	行次	金额
1.将净利润调节为经营活动现金流量：		
净利润	57	-4 158 449.72
加：计提的资产减值准备	58	
固定资产折旧	59	259 667.28
无形资产摊销	60	118 221.92
长期待摊费用摊销	61	280 287.52
待摊费用减少（减：增加）	64	
预提费用增加（减：减少）	65	—
处置固定资产、无形资产和其他长期资产的损失（减：收益）	66	
固定资产报废损失	67	
财务费用	68	1 478 065.39
投资损失（减：收益）	69	—
递延税款贷项（减：借项）	70	—
存货的减少（减：增加）	71	-4 626 348.90
经营性应收项目的减少（减：增加）	72	2 168 372.32
经营性应付项目的增加（减：减少）	73	7 148 787.72
其他	74	
经营活动产生的现金流量净额	75	2 668 603.53
2.不涉及现金收支的投资和筹资活动		
债务转为资本	76	
一年内到期的可转换公司债券	77	
融资租入固定资产	78	
3.现金及现金等价物净增加情况		
现金的期末余额	79	9 138 110.23
减：现金的期初余额	80	7 947 572.09
加：现金等价物的期末余额	81	
减：现金等价物的期初余额	82	
现金及现金等价物净增加额	83	1 190 538.14

企业负责人：　　　　　　　　财务负责人：　　　　　　　　制表人：

资产负债表

2019年12月31日

编制单位：东北齿轮有限公司　　　　　　　　　　　　　　　　　　　　　　　　　　单位：元

资　产	期末余额	年初余额	负债和所有者权益（或股东权益）	期末余额	年初余额
流动资产：			流动负债：		
货币资金	119 965.81	247 572.09	短期借款		
交易性金融资产			交易性金融负债		
应收票据			应付票据		
应收账款	234 567.87	277 251.92	应付账款	773 194.61	768 543.89
预付款项	949 764.58	187 374.16	预收款项	803 934.25	569 128.42
应收利息			应付职工薪酬	341 232.16	141 613.13
应收股利			应交税费	72 661.93	54 321.45
其他应收款	988 814.79	953 949.14	应付利息		
存货	4 314 365.77	3 608 211.92	应付股利		
一年内到期的非流动资产			其他应付款	191 312.00	134 256.00
流动资产合计	6 607 478.82	5 274 359.23	其他流动负债		
			流动负债合计	2 182 334.95	1 667 862.89
非流动资产：			非流动负债：		
可供出售金融资产			长期借款		
持有至到期投资			应付债券		
长期应收款			长期应付款		
长期股权投资					

续表

资　产	期末余额	年初余额	负债和所有者权益（或股东权益）	期末余额	年初余额
投资性房地产			专项应付款		
固定资产	1 026 059.58	1 592 866.86	递延收益		
固定资产清理			非流动负债合计		
生产性生物资产			负债合计	2 182 334.95	1 667 862.89
油气资产			所有者权益（或股东权益）：		
无形资产	79 622.77	98 654.89	实收资本（或股本）	5 000 000.00	5 000 000.00
开发支出			资本公积		
商誉			减：库存股		
长期待摊费用			盈余公积		
递延所得税资产			未分配利润	530 826.22	298 018.09
其他非流动资产			所有者权益（或股东权益）合计	5 530 826.22	5 298 018.09
非流动资产合计	1 105 682.35	1 691 521.75			
资产总计	7 713 161.17	6 965 880.98	负债和所有者权益（或股东权益）总计	7 713 161.17	6 965 880.98

利润表

编制单位：东北齿轮有限公司　　　　　　　　　　　　　　　　　　　　　单位：元

项目	本期金额
一、营业收入	60 884 475.67
减：营业成本	55 758 170.36
税金及附加	821 762.35
销售费用	2 765 815.88
管理费用	1 253 134.05
财务费用	10 458.25
资产减值损失	
加：公允价值变动收益（损失以"–"号填列）	
投资收益（损失以"–"号填列）	
其中：对联营企业和合营企业的投资收益	
二、营业利润（亏损以"–"号填列）	275 134.78
加：营业外收入	272 687.56
减：营业外支出	237 411.50
其中：非流动资产处置损失	
三、利润总额（亏损总额以"–"号填列）	310 410.84
减：所得税费用	77 602.71
四、净利润（净亏损以"–"号填列）	232 808.13

现 金 流 量 表

编制单位：东北齿轮有限公司　　　2019年12月31日　　　　　　　　　　　　单位：元

项　目	行次	金额
一、经营活动产生的现金流量		
销售商品、提供劳务收到的现金	1	71 411 122.59
收到的税费返还	3	
收到的其他与经营活动有关的现金	8	
现金流入小计	9	71 411 122.59
购买商品、接受劳务支付的现金	10	66 700 952.87
支付给职工以及为职工支付的现金	12	298 135.35
支付的各项税费	13	520 690.72
支付的其他与经营活动有关的现金	18	4 018 949.93
现金流出小计	20	71 538 728.87
经营活动产生的现金流量净额	21	−127 606.28
二、投资活动产生的现金流量		
收回投资所收到的现金	22	
取得投资收益所收到的现金	23	—
处置固定资产、无形资产和其他长期资产所收回的现金净额	25	—
收到的其他与投资活动有关的现金	28	—
现金流入小计	29	—
购建固定资产、无形资产和其他长期资产所支付的现金	30	
投资所支付的现金	31	—
支付的其他与投资活动有关的现金	35	
现金流出小计	36	
投资活动产生的现金流量净额	37	—
三、筹资活动产生的现金流量		
吸收投资所收到的现金	38	
借款所收到的现金	40	
收到的其他与筹资活动有关的现金	43	
现金流入小计	44	—
偿还债务所支付的现金	45	
分配股利、利润或偿付利息所支付的现金	46	
支付的其他与筹资活动有关的现金	52	
现金流出小计	53	—
筹资活动产生的现金流量净额	54	—
四、汇率变动对现金的影响	55	
五、现金及现金等价物净增加额	56	−127 606.28

补充资料	行次	金额
1.将净利润调节为经营活动现金流量：		
净利润	57	232 808.13
加：计提的资产减值准备	58	
固定资产折旧	59	924 463.20
无形资产摊销	60	19 032.12
长期待摊费用摊销	61	—
待摊费用减少（减：增加）	64	
预提费用增加（减：减少）	65	—
处置固定资产、无形资产和其他长期资产的损失（减：收益）	66	
固定资产报废损失	67	
财务费用	68	
投资损失（减：收益）	69	—
递延税款贷项（减：借项）	70	
存货的减少（减：增加）	71	-34 865.65
经营性应收项目的减少（减：增加）	72	-754 572.02
经营性应付项目的增加（减：减少）	73	-514 472.06
其他	74	
经营活动产生的现金流量净额	75	-127 606.28
2.不涉及现金收支的投资和筹资活动：		
债务转为资本	76	
一年内到期的可转换公司债券	77	
融资租入固定资产	78	
3.现金及现金等价物净增加情况：		
现金的期末余额	79	119 965.81
减：现金的期初余额	80	247 572.09
加：现金等价物的期末余额	81	
减：现金等价物的期初余额	82	
现金及现金等价物净增加额	83	-127 606.28

企业负责人：　　　　　　　财务负责人：　　　　　　　制表人：

内部往来明细表

内部往来主体		贷方余额			
		东北发动机有限公司	长春机械厂	东北齿轮有限公司	合计
借方余额	东北发动机有限公司		100 000.00	200 000.00	300 000.00
	长春机械厂	100 000.00			100 000.00
	东北齿轮有限公司	200 000.00			200 000.00
	合计	300 000.00	—	—	

内部购销明细表

内部购销主体		采购金额	
		东北发动机有限公司	合计
销售金额	东北齿轮有限公司	100 000.00	100 000.00
	合计	100 000.00	

内部现金流量明细表

内部现金流主体		流出金额	
		东北发动机有限公司	合计
流入金额	东北齿轮有限公司	100 000.00	100 000.00
	合计	100 000.00	

30802 综合会计——会计差错更正

经济业务	会计差错更正	更新时间		经济业务摘要
岗　　位	综合会计	级　　别	高级	更正上年度漏记一项固定资产折旧
工作方式	手工			

经济业务内容

东北发动机有限公司2019年7月发现2018年12月漏记一项固定资产折旧20万元，所得税申报表中未扣除该项费用，公司按照净利润的10%和5%计提法定盈余公积及任意盈余公积，所得税税率为25%。

经济业务处理要求

掌握本期发现的以前年度重大会计差错的处理方法，根据会计准则的规定，进行相关的账务处理及对财务报表相关项目进行追溯调整。

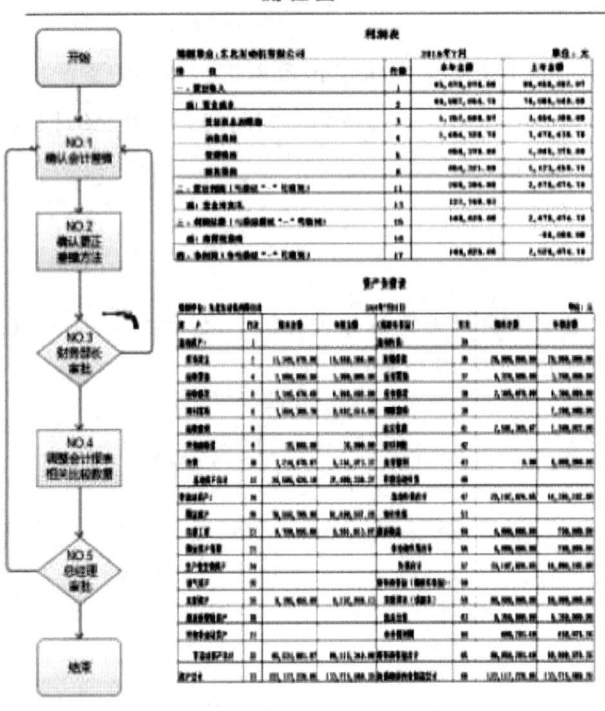

经济业务流程

期初资料

一、内部审计报告摘录

内部审计报告摘录

内审报告摘录：

公司内审项目组在对2018年度经济效益审计过程中发现，2018年12月主装配线线体折旧少计提20万元，即主营业务成本少计提20万元，所得税多计提5万元，盈余公积多计提3万元。

整改措施：要求公司领导审批上述会计差错按追溯调整法进行更正，调整2018年及2019年会计报表相关项目数据。

财务总监意见：同意马上调整。

二、错误的固定资产折旧计算表

固定资产折旧计算表（错误）

单位名称：东北发动机有限公司　　　　　　折旧方法：平均年限法　　　　　　单位：元
日　　期：2018年12月31日

资产代码	资产名称	入账日期	购进原值	使用年限（月）	月折旧率	已用月份	本月折旧	累计折旧	净值	使用部门
	合计		99 094 085.16				4 824.84	2 538 844.85	22 801 355.57	
S01000015	主装配线线体	2017/12/15	25 340 200.42	120	0.8083	13	4 824.84	2 538 844.85	22 801 355.57	装配线

审核人：柴章　　　　　　　　　　　　　　　　　　　　　　　　　制表人：顾波

三、正确的固定资产折旧计算表

固定资产折旧计算表（正确）

单位名称：东北发动机有限公司　　　　　　折旧方法：平均年限法　　　　　　单位：元
日　　期：2018年12月31日

资产代码	资产名称	入账日期	购进原值	使用年限（月）	月折旧率	已用月份	本月折旧	累计折旧	净值	使用部门
S01000015	主装配线线体	2017/12/15	25 340 200.42	120	0.8083	13	204 824.84	2 738 844.85	22 601 355.57	装配线

审核人：柴章　　　　　　　　　　　　　　　　　　　　　　　　　制表人：顾波

四、资产负债表

资产负债表
2019年7月31日

编制单位：东北发动机有限公司　　　　　　　　　　　　　　　　　　　　　　　　　单位：元

资　产	行次	期末余额	年初余额	负债和所有者权益（或股东权益）	行次	期末余额	年初余额
流动资产：	1			流动负债：	34		
货币资金	2	11 345 678.90	15 859 388.00	短期借款	35	20 000 000.00	20 000 000.00
交易性金融资产	3			交易性金融负债	36		
应收票据	4	2 000 000.00	3 000 000.00	应付票据	37	4 320 000.00	3 200 000.00
应收账款	5	2 345 678.65	4 068 662.00	应付账款	38	2 345 678.98	4 306 080.00
预付款项	6	7 654 389.76	9 482 616.00	预收款项	39		7 200 000.00
应收利息	7			应付职工薪酬	40		
应收股利	8			应交税费	41	2 501 345.67	1 500 022.00
其他应收款	9	25 000.00	35 000.00	应付利息	42		
存货	10	3 214 678.87	5 154 673.37	应付股利	43	0.00	8 000 000.00
一年内到期的非流动资产	11			其他应付款	44		
其他流动资产	12			一年内到期的非流动负债	45		
流动资产合计	13	26 585 426.18	37 600 339.37	其他流动负债	46		
非流动资产：	14			流动负债合计	47	29 167 024.65	44 206 102.00
可供出售金融资产	15			非流动负债：	48		
持有至到期投资	16			长期借款	49		

续表

资产	行次	期末余额	年初余额	负债和所有者权益（或股东权益）	行次	期末余额	年初余额
长期应收款	17			应付债券	50		
长期股权投资	18			长期应付款	51		
投资性房地产	19			专项应付款	52		
固定资产	20	78 566 789.98	81 400 567.28	预计负债	53		
在建工程	21	8 769 555.00	6 551 813.57	递延收益	54	4 000 000.00	700 000.00
工程物资	22			其他非流动负债	55		
固定资产清理	23			非流动负债合计	56	4 000 000.00	700 000.00
生产性生物资产	24			负债合计	57	33 167 024.65	44 906 102.00
油气资产	25			所有者权益（或股东权益）:	58		
无形资产	26	8 195 456.89	8 162 960.13	实收资本（或股本）	59	80 000 000.00	80 000 000.00
开发支出	27			资本公积	60		
商誉	28			减：库存股	61		
长期待摊费用	29			专项储备	62		
递延所得税资产	30			盈余公积	63	8 350 000.00	8 350 000.00
其他非流动资产	31			未分配利润	64	600 203.40	459 578.35
非流动资产合计	32	95 531 801.87	96 115 340.98	所有者权益合计	65	88 950 203.40	88 809 578.35
资产总计	33	122 117 228.05	133 715 680.35	负债和所有者权益（或股东权益）总计	66	122 117 228.05	133 715 680.35

五、利润表

利润表（调整前）

编制单位：东北发动机有限公司　　2019年7月　　　　　　　　　　　　单位：元

项　目	行数	本年金额	上年金额
一、营业收入	1	45 678 976.09	90 456 897.97
减：营业成本	2	40 987 654.78	77 886 549.89
税金及附加	3	1 357 898.87	3 454 398.89
销售费用	4	1 454 328.78	3 476 438.78
管理费用	5	956 376.89	1 845 378.89
财务费用	6	654 321.89	1 123 456.76
资产减值损失	7		
加：公允价值变动收益（损失以"-"号填列）	8		
投资收益（损失以"-"号填列）	9		
其中：对联营企业和合营企业的投资收益	10		
二、营业利润（亏损以"-"号填列）	11	268 394.88	2 670 674.76
加：营业外收入	12		
减：营业外支出	13	127 769.83	
其中：非流动资产处置损失	14		
三、利润总额（亏损总额以"-"号填列）	15	140 625.05	2 670 674.76
减：所得税费用	16		
四、净利润（净亏损以"-"号填列）	17	140 625.05	2 670 674.76

六、所有者权益变动表

所有者权益（股东权益）变动表（调整前）

编制单位：东北发动机有限公司　　2019年7月31日　　金额单位：元

项目	行次	本年金额 实收资本	资本公积	盈余公积	未分配利润	所有者权益合计	上年金额 实收资本	资本公积	盈余公积	未分配利润	所有者权益合计
一、上年年末余额	1	80 000 000.00	0.00	8 350 000.00	600 203.40	88 950 203.40	80 000 000.00	0.00	8 350 000.00	−2 211 096.41	86 138 903.59
加：会计政策变更	2	0.00	0.00	0.00	0.00	—	0.00	0.00	0.00	0.00	—
前期差错更正	3	0.00	—	0.00	0.00	—	0.00	—	0.00	0.00	—
二、本年年初余额	4	80 000 000.00	0.00	8 350 000.00	600 203.40	88 950 203.40	80 000 000.00	0.00	8 350 000.00	−2 211 096.41	86 138 903.59
三、本年增减变动金额（减少以"−"号填列）	5	0.00	0.00	0.00	0.00	0.00	0.00	0.00	0.00	0.00	—
（一）净利润	6	0.00	0.00	0.00	0.00	0.00	0.00	0.00	0.00	2 670 674.76	2 670 674.76
（二）直接计入所有者权益的利得损失	7	0.00	0.00	0.00	0.00	0.00	0.00	0.00	0.00	0.00	—
上述（一）和（二）小计	12	0.00	0.00	0.00	0.00	0.00	0.00	0.00	0.00	0.00	—
（三）所有者投入和减少资本	13	0.00	0.00	0.00	0.00	0.00	0.00	0.00	0.00	0.00	—
1.所有者投入资本	14	0.00	0.00	0.00	0.00	0.00	0.00	0.00	0.00	0.00	—
2.股份支付计入所有者权益的金额	15	0.00	0.00	0.00	0.00	0.00	0.00	0.00	0.00	0.00	—

续表

项目	行次	本年金额					上年金额				
		实收资本	资本公积	盈余公积	未分配利润	所有者权益合计	实收资本	资本公积	盈余公积	未分配利润	所有者权益合计
3.其他	16	0.00	0.00	0.00	0.00	0.00	0.00	0.00	0.00	0.00	—
（四）利润分配	17	0.00	0.00	0.00	0.00	0.00	0.00	0.00	0.00	0.00	—
1.提取盈余公积	18	0.00	0.00	0.00	0.00	0.00	0.00	0.00	0.00	0.00	—
2.对所有者（或股东）的分配	19	0.00	0.00	0.00	0.00	0.00	0.00	0.00	0.00	0.00	—
3.其他	20	0.00	0.00	0.00	0.00	0.00	0.00	0.00	0.00	0.00	—
（五）所有者权益内部结转	21	0.00	0.00	0.00	0.00	0.00	0.00	0.00	0.00	0.00	—
1.资本公积转增资本（或股本）	22	0.00	0.00	0.00	0.00	0.00	0.00	0.00	0.00	0.00	—
2.盈余公积转增资本（或股本）	23	0.00	0.00	0.00	0.00	0.00	0.00	0.00	0.00	0.00	—
3.盈余公积弥补亏损	24	0.00	0.00	0.00	0.00	0.00	0.00	0.00	0.00	0.00	—
4.其他	25	0.00	0.00	0.00	0.00	0.00	0.00	0.00	0.00	0.00	—
四、本年年末余额	26	80 000 000.00	0.00	8 350 300.00	600 203.40	88 950 203.40	80 000 000.00	0.00	8 350 000.00	459 578.35	88 809 578.35

七、总账科目余额及发生额汇总表

总账科目余额及发生额汇总表

单位名称：东北发动机有限公司　　　　　　　　　　2019年7月

序号	科目名称	科目代码	期初余额 借方	期初余额 贷方	调整数 借方发生额	调整数 贷方发生额	调整后期初余额 借方	调整后期初余额 贷方
1	库存现金	1001					0.00	
2	银行存款	1002	15 859 388.00				15 859 388.00	
3	其他货币资金	1012					0.00	
4	应收票据	1121	3 000 000.00				3 000 000.00	
5	应收账款	1122	4 068 662.00				4 068 662.00	
6	预付账款	1123	9 482 616.00				9 482 616.00	
7	其他应收款	1221	35 000.00				35 000.00	
8	材料采购	1401					0.00	
9	原材料	1403	5 154 673.37				5 154 673.37	
10	材料成本差异	1404					0.00	
11	库存商品	1405					0.00	
12	固定资产	1601	89 054 888.28				89 054 888.28	
13	累计折旧	1602		7 654 321.00				7 654 321.00
14	在建工程	1604	6 551 813.57				6 551 813.57	
15	无形资产	1701	8 162 960.13				8 162 960.13	

续表

序号	科目名称	科目代码	期初余额 借方	期初余额 贷方	调整数 借方发生额	调整数 贷方发生额	调整后期初余额 借方	调整后期初余额 贷方
16	累计摊销	1702						
17	待处理财产损溢	1901						
18	短期借款	2001		20 000 000.00				20 000 000.00
19	应付票据	2201		3 200 000.00				3 200 000.00
20	应付账款	2202		4 306 080.00				4 306 080.00
21	预收账款	2203		7 200 000.00				7 200 000.00
22	应付职工薪酬	2211						0.00
23	应交税费	2221		1 500 022.00				1 500 022.00
24	应付股利	2232		8 000 000.00				8 000 000.00
25	其他应付款	2241						0.00
26	递延收益	2401		700 000.00				700 000.00
27	实收资本	4001		80 000 000.00				80 000 000.00
28	资本公积	4002						0.00
29	盈余公积	4101		8 350 000.00				8 350 000.00
30	本年利润	4103						0.00
31	利润分配	4104		459 578.35				459 578.35
32	生产成本	5001						0.00
33	研发支出	5301						0.00
34	制造费用	5101						0.00

续表

序号	科目代码	科目名称	期初余额 借方	期初余额 贷方	调整数 借方发生额	调整数 贷方发生额	调整后期初余额 借方	调整后期初余额 贷方
35	6001	主营业务收入						0.00
36	6301	营业外收入						0.00
37	6401	主营业务成本						0.00
38	6403	税金及附加						0.00
39	6601	销售费用						0.00
40	6602	管理费用						0.00
41	6603	财务费用						0.00
42	6901	以前年度损益调整						
49		合计	141 370 001.35	141 370 001.35	0.00	0.00	141 370 001.35	141 370 001.35

八、总账、明细账期初余额明细表

明细账期初余额明细表
2019年7月31日

一级科目			二级科目		
代码	名称	金额	代码	名称	金额
1602	累计折旧	7 654 321.00			
2221	应交税费	2 501 345.67	222101	应交税费——增值税（销项税额）	2 501 345.67
			222102	应交税费——所得税	
4101	盈余公积	8 350 000.00	410101	盈余公积——法定盈余公积	5 566 666.67
			410102	盈余公积——任意盈余公积	2 783 333.33
			410401	利润分配——未分配利润	600 203.40
			410402	利润分配——提取法定盈余公积	
			410403	利润分配——提取任意盈余公积	
6901	以前年度损益调整				

30803综合会计——兼并重组

经济业务	非同一控制下的企业合并	更新时间		经济业务摘要
岗　　位	综合会计	级　　别	高级	收购新公司
工作方式	手工			

经济业务内容

2019年1月1日,东北发动机有限公司股东会决定,2018年12月31日为收购基准日,以500万元的价格溢价收购无任何关联关系的"吉林万峰汽车齿轮有限公司"股东的全部股权,将其作为公司的全资子公司进行管理。收购价款于2019年1月10日支付,2019年1月15日办理完相关工商、税务变更手续。

经济业务处理要求

进行股权收购的账务处理,编制合并日的合并资产负债表。

经济业务流程

东北发动机有限公司

- 流程名称：兼并重组
- 流程代码：30803
- 更新时间：2018年12月
- 风险点：

部门名称	财务部	审批人	荣垒
主要岗位	综合	会签	张峰、岳阳、董刘、丁磊 郑欢、钱勋、陈春、刘王
编制人	付晶		

流程图

开始 → NO.1 确认兼并对象 → NO.2 草拟收购协议 → NO.3 股东会决议 → NO.4 签订合同 → NO.5 变更手续 → NO.6 账务处理 → 结束

流程描述

NO.1 确认要收购的对象，对其资产、债权、债务进行清理，进行资产评估，对目标公司的管理构架进行详尽调查，对职工情况进行造册统计。

NO.2 草拟并通过收购实施预案，债权人与被收购方认诺债务承担协议，约定收购后的债务偿还事宜。

NO.3 双方根据公司章程或公司认及相关配套法规的规定，提交各自的权力机构如股东会就收购事宜进行审议表决。

NO.4 收购双方正式谈判，协商签订收购合同。

NO.5 收购合同生效后，双方按照合同约定履行资产转移、经营管理权转移手续，除法律另有规定外需当依法办理包括股东变更登记在内的工商、税务登记变更手续。

NO.6 根据相关业务进行账务处理，编制记账凭证，并登记明细账。

经济业务证明（外来原始凭证）

股权收购协议

甲方：东北发动机有限公司　　　　　乙方：张岚
住所：东风大街　　　　　　　　　　丙方：苏丽
法定代表人：马实

第一条　甲、乙双方协商决定甲方收购乙方和丙方持有的吉林万峰齿轮有限公司100%的股权。甲、乙、丙三方经友好协商，就上述收购事宜达成本协议，以兹共同信守。

1. 收购基准日：2018年12月31日。
2. 收购价款：500万元。
3. 收购后注册资本及缴付。
（1）注册资本为50万元人民币。
（2）甲方以货币方式于2019年1月10前支付股权转让款。

第二条　公司法人治理结构

1. 董事会的组成。
新公司设董事会，成员为3名，甲方推荐2名，乙方推荐1名，由股东会选举产生。

2. 董事长及法定代表人。
公司的董事长由甲方推荐，董事会选举产生。董事长为公司的法定代表人。

3. 监事。
新公司设2名监事。一名由甲方推荐，经股东会选举产生；另一名由职工代表担任，经职工民主选举产生。

4. 高级管理人员。
新公司设总经理一名，并根据实际情况设副总经理或其他高级管理人员若干名，其中，应当包括财务总监一名，负责公司的日常财务事项。

甲方：东北发动机有限公司　　　　　乙方：张岚
法人或授权代表：马实　　　　　　　丙方：苏丽
签订日期：2019年1月1日

章程修正案部分摘录

经我公司股东会研究决定，修改公司章程第二章第二条公司股东变更：修改后章程第二章第二条公司股东为：东北发动机有限公司，投资额为500万元，占公司注册资本的100%。

法定代表人签字：张岚

吉林万峰齿轮有限公司
2018年12月31日

一、收购方关于收购的股东会决议

东北发动机有限公司股东会
关于收购吉林万峰齿轮有限公司100%股权的决议

2018年12月1日,东北发动机有限公司股东会通过收购吉林万峰齿轮有限公司100%股权,作为公司全资子公司的决议,拟在12月31日为收购基准日,以500万元的价格收购该公司股东的全部股权。会议如期在公司主楼三楼会议室举行,会议出席股东共计2人,代表有表决权的股份总额8 000万股,全体董事、监事出席本次会议,总经理、其他高级管理人员及有关人员列席本次会议。会议的召集、召开符合有关法律、法规和公司章程规定。会议由董事长马实先生主持,会议以记名投票表决方式全面通过了收购议案。

2018年12月1日

股东签字:

吉林省国有资产管理有限公司

首都汽车制造有限公司

二、收购方收购基准日资产负债表

资产负债表（收购日前）

编制单位：东北发动机有限公司　　　　　2018年12月31日　　　　　单位：元

资　产	行次	期末余额	年初余额	（或股东权益）	行次	期末余额	年初余额
流动资产：	1			流动负债：	34		
货币资金	2	9 345 678.87	11 345 678.90	短期借款	35	20 000 000.00	20 000 000.00
交易性金融资产	3			交易性金融负债	36		
应收票据	4	2 000 000.00	2 000 000.00	应付票据	37	4 320 000.00	4 320 000.00
应收账款	5	2 345 678.65	2 345 678.65	应付账款	38	1 245 678.98	2 345 678.98
预付款项	6	6 654 389.76	7 654 389.76	预收款项	39		
应收股利	8			应交税费	41	1 301 345.67	2 501 345.67
其他应收款	9	125 000.00	25 000.00	应付利息	42		
存货	10	3 214 678.87	3 214 678.87	应付股利	43	0.00	0.00
流动资产合计	13	23 685 426.15	26 585 426.18	其他流动负债	46		
非流动资产：	14			流动负债合计	47	26 867 024.65	29 167 024.65
固定资产	20	76 466 789.98	78 566 789.98	预计负债	53		
在建工程	21	13 069 555.00	8 769 555.00	递延收益	54	649 947.07	1 149 947.07
固定资产清理	23			非流动负债合计	56	649 947.07	1 149 947.07
生产性生物资产	24			负债合计	57	27 516 971.72	30 316 971.72
油气资产	25			所有者权益（或股东权益）：	58		
无形资产	26	8 095 456.89	8 195 456.89	实收资本（或股本）	59	80 000 000.00	80 000 000.00
递延所得税资产	30			盈余公积	63	8 649 067.80	8 649 067.80
其他非流动资产	31			未分配利润	64	5 151 188.50	3 151 188.53
非流动资产合计	32	97 631 801.87	95 531 801.87	所有者权益合计	65	93 800 256.30	91 800 256.33
资产总计	33	121 317 228.02	122 117 228.05	负债和所有者权益总计	66	121 317 228.02	122 117 228.05

三、收购方银行存款总账、明细账期初余额明细表

明细账期初余额明细表

2019年1月1日

一级科目			二级科目		
代码	名称	金额	代码	名称	金额
1002	银行存款	9 345 678.87	100201	东风大街支行	9 345 678.87

四、收购方收购月份期初总账科目余额及发生额汇总表

总账科目余额及发生额汇总表

单位名称：东北发动机有限公司　　　　2019年1月

序号	科目名称	科目代码	期初余额借方	期初余额贷方	借方发生额	贷方发生额	期末余额借方	期末余额贷方
1	库存现金	1001						
2	银行存款	1002	9 345 678.87					
4	应收票据	1121	2 000 000.00					
5	应收账款	1122	2 345 678.65					
6	预付账款	1123	6 654 389.76					
7	其他应收款	1221	125 000.00					
9	原材料	1403	3 214 678.87					
12	固定资产	1601	86 221 110.98					
13	累计折旧	1602		9 754 321.00				
14	在建工程	1604	13 069 555.00					
15	无形资产	1701	8 195 476.78					
16	累计摊销	1702		100 019.89				
17	待处理财产损溢	1901						
18	短期借款	2001		20 000 000.00				
19	应付票据	2201		4 320 000.00				
20	应付账款	2202		1 245 678.98				
23	应交税费	2221		1 301 345.67				
24	应付股利	2232						
26	递延收益	2401		649 947.07				
27	实收资本	4001		80 000 000.00				
29	盈余公积	4101		8 649 067.80				
31	利润分配	4104		5 151 188.50				
49	合计		131 171 568.91	131 171 568.91	0.00	0.00	0.00	0.00

五、被收购方出售股权的股东会决议

吉林万峰齿轮有限公司股东会
关于将股权全部出售给东北发动机有限公司的决议

2018年12月1日，吉林万峰齿轮有限公司股东会通过将股东100%股权转让给东北发动机有限公司，作为其司全资子公司的决议，拟在12月31日为收购基准日，以500万元的价格出售该公司股东的全部股权。会议如期在公司主楼三楼会议室举行，会议出席股东共计2人，代表有表决权的股份总额500万股，全体董事、监事出席本次会议，总经理、其他高级管理人员及有关人员列席本次会议。会议的召集、召开符合有关法律、法规和公司章程规定。会议由董事长张岚先生主持，会议以记名投票表决方式全面通过了被收购议案。

2018年12月1日

股东签字：

张岚
苏丽

六、被收购方收购日资产负债表

资产负债表

编制单位：吉林万峰汽车齿轮有限公司　　　2016年1月31日　　　单位：元

资产	行次	期末余额	年初余额	负债（或股东权益）	行次	期末余额	期初余额
流动资产：				流动负债：			
货币资金	1	345 678.90	38 765.90	短期借款	34		0.00
交易性金融资产	2		0.00	交易性金融负债	35		0.00
应收票据	3		0.00	应付票据	36		0.00
应收账款	4	766 754.98	678 965.80	应付账款	37	345 678.98	1 454 367.00
预付款项	5	54 389.76	65 432.00	预收款项	38	700 000.00	700 000.00
应收利息	6		0.00	应付职工薪酬	39		
应收股利	7			应交税费	40	51 345.67	251 345.67
其他应收款	8	25 000.00	65 999.00	应付利息	41	0.00	0.00
存货	9	214 678.87	897 654.00	应付股利	42		0.00
一年内到期的非流动资产	10			其他应付款	43		0.00
其他流动资产	11			一年内到期的非流动负债	44		
流动资产合计	12	1 406 502.51	1 746 816.70	其他流动负债	45		
非流动资产：	13			流动负债总计	46	1 097 024.65	2 405 712.67
固定资产	14	1 566 789.98	1 699 800.12	预计负债	47		
生产性生物资产	20			负债合计	53	1 097 024.65	2 405 712.67
油气资产	24			所有者权益（或股东权益）：	57		
无形资产	25	195 456.89	62 960.13	实收资本（或股本）	58	500 000.00	500 000.00
其他非流动资产	26			未分配利润	59	1 571 724.73	603 864.28
非流动资产合计	31	1 762 246.87	1 762 760.25	所有者权益合计	64	2 071 724.73	1 103 864.28
资产总计	32	3 168 749.38	3 509 576.95	负债和所有者权益总计	65	3 168 749.38	3 509 576.95

七、被收购方收购基准日审计报告

审计报告

长美达审字〔2019〕第098号

东北发动机股份有限公司全体股东：

我们审计了后附的东北发动机股份有限公司（以下简称东北发动机公司）2018年12月31日的资产负债表、2018年度的利润表、现金流量表以及财务报表附注（以下统称财务报表）。

一、管理层对财务报表的责任

按照企业会计准则的规定编制财务报表是东北发动机有限公司管理当局的责任。这种责任包括：（1）设计、实施和维护与财务报告编制相关的内部控制，以使财务报表不存在由于舞弊或错误而导致的重大错报；（2）选择和运用恰当的会计政策；（3）作出合理的会计估计。

二、注册会计师的责任

我们的责任是在实施审计工作的基础上对财务报表发表审计意见。我们按照中国注册会计师审计准则的规定执行了审计工作。中国注册会计师审计准则要求我们遵守职业道德规范，计划和实施审计工作以对财务报表是否不存在重大错报获取合理保证。

审计工作涉及实施审计程序，以获取有关财务报表金额和披露的审计证据。选择的审计程序取决于注册会计师的判断，包括对由于舞弊或错误导致的财务报表重大错报风险进行评估时，我们考虑与财务报表编制相关的内部控制，以设计恰当的审计程序，但目的并非对内部控制的有效性发表意见。审计工作还包括评价管理层选用会计政策的恰当性和作出会计估计的合理性，以及评价财务报表的总体列报。

我们相信，我们获取的审计证据是充分、适当的，为发表审计意见提供了基础。现已审计完毕，情况报告如下：

三、审计意见

我们认为，东北发动机股份有限公司财务报表在所有重大方面均按照企业会计准则的规定编制，公允反映了东北发动机股份有限公司2018年12月31日的财务状况以及2018年的经营成果和现金流量。

长春市美达会计师事务所有限公司	中国注册会计师：杨洋
	中国注册会计师：金鑫
	2019年1月8日

八、资产评估报告摘录

东北发动机股份有限公司收购股权的评估报告书
长光华评报字〔2019〕第08号

长春市光华资产评估有限公司（以下简称"本公司"）接受东北发动机股份有限公司（以下简称"贵公司"）的委托，依据国家有关资产评估的法律、法规和政策，本着独立、客观、公正、科学的原则，运用法定或公允的方法及程序，对贵公司拟收购吉林万峰齿轮有限公司股东所持有的该公司的全部股权所涉及的资产和负债进行了评估工作。在委托方、资产占有方有关人员密切配合和大力协助下，本公司评估人员对委托评估资产进行了实地查勘与核对，同时进行了必要的市场调查以及我们认为需要实施的其他评估程序，对委估资产和负债在评估基准日2018年12月31日所表现的市场公允价值做出了公允反映，现将资产评估情况及评估结果报告如下：

一、评估目的

本次评估的目的是确定东北发动机股份有限公司拟收购吉林万峰齿轮有限公司的资产和负债在评估基准日的市场价值，为东北发动机有限公司股权收购提供价值参考依据。

二、评估对象和范围

本次评估对象为：以2018年12月31日为基准日的吉林万峰齿轮有限公司的净资产。

评估范围为：吉林万峰齿轮有限公司所申报的经长春市美达会计师事务所有限公司审计后的资产及负债。

三、评估结论

截至评估基准日2018年12月31日，在持续使用前提下，吉林万峰齿轮有限公司委估资产：账面值3 168 749.38元，调整后账面值3 168 749.38元，评估值4 269 262.76元，增值1 100 513.38元，增值率34.73%；负债：账面值1 097 024.65元，调整后账面值1 097 024.65元，评估值1 097 024.65元，增值率0%；净资产：账面值2 071 724.73元，调整后账面值2 071 724.73元，评估值3 172 238.11元，增值1 100 513.38元，增值率53.12%。

签字注册资产评估师：于晓丽

签字注册资产评估师：孙铭阳

长春市光华资产评估有限公司
2019年1月9日

付款审批单

部门：财务部　　　　　　　　　2019年1月10日

收款单位	张岚	付款理由：支付收购款
开户银行	长春市工商银行西朝阳路支行	付款方式：银行转账
银行账号	2008 1665 8888 7777	说明：
金额	人民币（大写）叁佰伍拾万元整	￥ 3 500 000.00
总经理审批	财务部长	部门经理	经办人
马实	柴章		钟和

电子银行业务回单（付款）

交易日期：2019年1月10日　　　　交易流水号：5278956121
付款人账号：2008 1665 8888 8888　　收款人账号：2008 1665 8888 7777
付款人名称：东北发动机有限公司　　收款人名称：张岚
付款人开户行：长春市工商银行东风大街支行　　收款人开户行：长春市工商银行西朝阳路支行

币种：人民币　　金额：（大写）叁佰伍拾万元整　　（小写）￥ 3 500 000.00

银行附言：
客户附言：支付收购款
渠道：网上银行
记账流水号：1147521357000
电子凭证号：2131245121

登录号：　　　　　　网点编号：　　　　　　打印状态：第一次打印
客户验证码：　　　　柜员号：　　　　　　　打印方式：　　打印日期：2019.1.10

付款审批单

部门：财务部　　　　　　　　　2019年1月10日

收款单位	苏丽	付款理由：支付收购款
开户银行	长春市工商银行西朝阳路支行	付款方式：银行转账
银行账号	2008 1665 8888 6666	说明：
金额	人民币（大写）壹佰伍拾万元整	￥ 1 500 000.00
总经理审批	财务部长	部门经理	经办人
马实	柴章		钟和

电子银行业务回单（付款）

交易日期：2019年1月10日　　　　交易流水号：5278956121
付款人账号：2008 1665 8888 8888　　收款人账号：2008 1665 8888 6666
付款人名称：东北发动机有限公司　　收款人名称：苏丽
付款人开户行：长春市工商银行东风大街支行　　收款人开户行：长春市工商银行西朝阳路支行

币种：人民币　　金额：（大写）壹佰伍拾万元整　　（小写）￥ 1 500 000.00

银行附言：
客户附言：支付收购款
渠道：网上银行
记账流水号：1147521357000
电子凭证号：2131245121

登录号：　　　　　　网点编号：　　　　　　打印状态：第一次打印
客户验证码：　　　　柜员号：　　　　　　　打印方式：　　打印日期：2019.1.10

30804 综合会计——会计政策变更

经济业务	会计政策变更	更新时间		经济业务摘要	
岗　　位	综合会计	级　　别	高级	固定资产计价方法由历史成本法改为未来可收回金额与账面价值孰低法	
工作方式	手工				

经济业务内容

东北发动机有限公司 2019 年 6 月 15 日经董事会研究决定，公司固定资产计价方法由历史成本法变更为预计未来可收回金额与账面价值孰低法计量，经对固定资产进行减值测试，该会计政策变更对 2018 年财务报表的累计影响数是 20 万元。公司按照净利润的 10% 计提法定盈余公积，所得税税率为 25%。

经济业务处理要求

掌握会计政策的处理方法，计算会计政策变更累计影响数，根据会计准则的规定，进行相关的账务处理及对财务报表相关项目进行追溯调整。

经济业务流程

东北发动机有限公司
流程名称：会计政策变更
流程代码：30804
更新时间：2018年12月
风险点：

部门名称：财务部	审批人：签章
主责岗位：综合	会签：刘颖、高翔、龚芳、丁昌、邓欢、陈璐、陈晓、赵玉
编辑人：付磊	

流程图 / 流程描述

流程图： 开始 → NO.1 资产管理部起草会计政策变更方案 → NO.2 财务部长审批 → NO.3 股东会审核通过 → NO.4 总经理审批 → NO.5 会计编制原始凭证、会计处理 → 结束

东北发动机有限公司股东会
关于对固定资产计价政策变更的决议

2018年6月10日，东北发动机有限公司股东会根据目前市场价格情况，拟对固定资产计价方法由历史成本法变更为预计未来净现金流量现值与账面价值孰低计量。会议如期按公司章程三条会议审行，会议出席股东共计2人，代表有表决权股份总额8000万股，全体董事、监事出席本次会议，总经理、其他高级管理人员及有关人员列席了本次会议，会议约到会、召开符合会关法律、法规和公司章程的规定，会议由董事长马实先生主持，会议以记名投票表决方式全面通过了会计政策变更议案。

股东签字：
吉林省国有资产管理有限公司
首都汽车制造有限公司

2018年6月10日

NO.1 资产管理部起草会计政策变更方案。

NO.2 财务部长审批。

NO.3 股东会审核通过。

NO.4 财务部长将有重大会计差错进行追溯调整后财务报告报送总经理审核。

风险控制措施： 总经理认真审核更改后的相关数据及对公司财务状况产生的影响，并要求相关部门进行披露。

NO.5 会计计算会计政策变更累积影响数，对会计报表相关项目进行追溯调整，重新出具财务报表并对累积影响数进行披露。

经济业务证明（自制原始凭证）

东北发动机有限公司股东会
关于对固定资产计价政策变更的决议

2019年6月10日，东北发动机有限公司股东会根据目前市场价格情况，拟对固定资产计价方法由历史成本法变更为预计未来可收回金额与账面价值孰低法计量。会议如期在公司主楼三楼会议室举行，会议出席股东共计2人，代表有表决权的股份总额8 000万股，全体董事、监事出席本次会议，总经理、其他高级管理人员及有关人员列席了本次会议。会议的召集、召开符合有关法律、法规和公司章程的规定。会议由董事长马实先生主持，会议以记名投票表决方式全面通过了会计政策变更议案。

2019年6月10日

股东签字：

吉林省国有资产管理有限公司

首都汽车制造有限公司

期初资料

一、会计政策变更累积影响数——固定资产减值准备明细表

固定资产减值准备明细表

单位名称：东北发动机有限公司

2018年12月31日　　　　　　　　　　　　　　　　单位：元

资产代码	资产名称	原值	累计折旧	净值	市场价	减值	使用部门
合计		87 875 506.68	6 474 939.40	81 400 567.28	81 200 567.28	200 000.00	
S01000015	主装配线线体	35 340 200.42	2 738 844.85	32 601 355.57	32 201 355.57	400 000.00	装配线
S01000016	房屋建筑物	51 023 704.37	3 711 974.49	47 311 729.88	48 999 211.71	−1 687 481.83	装配线
G01000001	计算机	5 819.88	2 422.09	3 397.79	—	3 397.79	办公楼
G01000002	计算机	6 000.00	2 425.00	3 575.00		3 575.00	办公楼
G01000003	计算机	6 000.00	2 716.00	3 284.00		3 284.00	办公楼
G01000004	服务器	1 493 782.01	16 556.97	1 477 225.04	—	1 477 225.04	办公楼

审核人：柴章　　　　　　　　　　　　　　　　　　　　　　　　　　制表人：顾波

二、资产负债表

资产负债表（政策变更前）

编制单位：东北发动机有限公司　　　　2019年7月31日　　　　　　　　单位：元

资产	行次	期末余额	年初余额	负债和所有者权益（或股东权益）	行次	期末余额	年初余额
流动资产：	1			流动负债：	34		
货币资金	2	11 345 678.90	15 859 388.00	短期借款	35	20 000 000.00	20 000 000.00
交易性金融资产	3			交易性金融负债	36		
应收票据	4	2 000 000.00	3 000 000.00	应付票据	37	4 320 000.00	3 200 000.00
应收账款	5	2 345 678.65	4 068 662.00	应付账款	38	2 345 678.98	4 306 080.00
预付款项	6	7 654 389.76	9 482 616.00	预收款项	39		7 200 000.00
应收利息	7			应付职工薪酬	40		
应收股利	8			应交税费	41	2 501 345.67	1 500 022.00
其他应收款	9	25 000.00	35 000.00	应付利息	42		
存货	10	3 214 678.87	5 154 673.37	应付股利	43	0.00	8 000 000.00
一年内到期的非流动资产	11			其他应付款	44		
其他流动资产	12			一年内到期的非流动负债	45		

续表

资　产	行次	期末余额	年初余额	负债和所有者权益（或股东权益）	行次	期末余额	年初余额
流动资产合计	13	26 585 426.18	37 600 339.37	其他流动负债	46		
非流动资产：	14			流动负债合计	47	29 167 024.65	44 206 102.00
可供出售金融资产	15			非流动负债：	48		
持有至到期投资	16			长期借款	49		
长期应收款	17			应付债券	50		
长期股权投资	18			长期应付款	51		
投资性房地产	19			专项应付款	52		
固定资产	20	78 566 789.98	81 400 567.28	预计负债	53		
在建工程	21	8 769 555.00	6 551 813.57	递延收益	54	4 000 000.00	700 000.00
工程物资	22			其他非流动负债	55		
固定资产清理	23			非流动负债合计	56	4 000 000.00	700 000.00
生产性生物资产	24			负债合计	57	33 167 024.65	44 906 102.00
油气资产	25			所有者权益（或股东权益）：	58		
无形资产	26	8 195 456.89	8 162 960.13	实收资本（或股本）	59	80 000 000.00	80 000 000.00
开发支出	27			资本公积	60		
商誉	28			减：库存股	61		
长期待摊费用	29			专项储备	62		
递延所得税资产	30			盈余公积	63	8 350 000.00	8 350 000.00
其他非流动资产	31			未分配利润	64	600 203.40	459 578.35
非流动资产合计	32	95 531 801.87	96 115 340.98	所有者权益合计	65	88 950 203.40	88 809 578.35
资产总计	33	122 117 228.05	133 715 680.35	负债和所有者权益（或股东权益）总计	66	122 117 228.05	133 715 680.35

三、利润表

利润表（政策变更前）

编制单位：东北发动机有限公司　　　2019年7月31日　　　　　　　　　　　　单位：元

项　目	行数	本年金额	上年金额
一、营业收入	1	45 678 976.09	90 456 897.97
减：营业成本	2	40 987 654.78	77 886 549.89
税金及附加	3	1 357 898.87	3 454 398.89
销售费用	4	1 454 328.78	3 476 438.78
管理费用	5	956 376.89	1 845 378.89
财务费用	6	654 321.89	1 123 456.76
资产减值损失	7		

续表

项　目	行数	本年金额	上年金额
加：公允价值变动收益（损失以"-"号填列）	8		
投资收益（损失以"-"号填列）	9		
其中：对联营企业和合营企业的投资收益	10		
二、营业利润（亏损以"-"号填列）	11	268 394.88	2 670 674.76
加：营业外收入	12		
减：营业外支出	13	127 769.83	
其中：非流动资产处置损失	14		
三、利润总额（亏损总额以"-"号填列）	15	140 625.05	2 670 674.76
减：所得税费用	16		
四、净利润（净亏损以"-"号填列）	17	140 625.05	2 670 674.76

四、所有者权益变动表

所有者权益（股东权益）变动表（政策变更前）

编制单位：东北发动机有限公司　　2019年7月31日　　金额单位：元

项目	行次	本年金额				上年金额			
		实收资本	盈余公积	未分配利润	所有者权益合计	实收资本	盈余公积	未分配利润	所有者权益合计
一、上年年末余额	1	80 000 000.00	8 350 000.00	600 203.40	88 950 203.40	80 000 000.00	8 350 000.00	-2 211 096.41	86 138 903.59
加：会计政策变更	2	0.00	0.00	0.00	—	0.00	0.00	0.00	—
前期差错更正	3	0.00	0.00	0.00	—	0.00	0.00	0.00	—
二、本年年初余额	4	80 000 000.00	8 350 000.00	600 203.40	88 950 203.40	80 000 000.00	8 350 000.00	-2 211 096.41	86 138 903.59
三、本年增减变动金额（减少以"-"号填列）	5	0.00	0.00	0.00	0.00	0.00	0.00	0.00	—
（一）净利润	6	0.00	0.00	0.00	0.00	0.00	0.00	2 670 674.76	2 670 674.76
（三）所有者投入和减少资本	13	0.00	0.00	0.00	0.00	0.00	0.00	0.00	—
四、本年年末余额	26	80 000 000.00	8 350 000.00	600 203.40	88 950 203.40	80 000 000.00	8 350 000.00	459 578.35	88 809 578.35

五、总账科目余额及发生额汇总表

总账科目余额及发生额汇总表

单位名称：东北发动机有限公司　　　　2019年7月1日

序号	科目名称	科目代码	期初余额 借方	期初余额 贷方	调整数 借方发生额	调整数 贷方发生额	调整后期初余额 借方	调整后期初余额 贷方
1	库存现金	1001					0.00	
2	银行存款	1002	15 859 388.00				15 859 388.00	
3	其他货币资金	1012					0.00	
4	应收票据	1121	3 000 000.00				3 000 000.00	
5	应收账款	1122	4 068 662.00				4 068 662.00	
6	预付账款	1123	9 482 616.00				9 482 616.00	
7	其他应收款	1221	35 000.00				35 000.00	
8	材料采购	1401					0.00	
9	产成品	1403	5 154 673.37				5 154 673.37	
10	材料成本差异	1404					0.00	
11	库存商品	1405					0.00	
12	固定资产	1601	89 054 888.28				89 054 888.28	
13	累计折旧	1602		7 654 321.00				7 654 321.00
14	在建工程	1604	6 551 813.57				6 551 813.57	
15	无形资产	1701	8 162 960.13				8 162 960.13	
16	累计摊销	1702						
17	待处理财产损溢	1901						
18	短期借款	2001		20 000 000.00				20 000 000.00
19	应付票据	2201		3 200 000.00				3 200 000.00
20	应付账款	2202		4 306 080.00				4 306 080.00
21	预收账款	2203		7 200 000.00				7 200 000.00
22	应付职工薪酬	2211						0.00
23	应交税费	2221		1 500 022.00				1 500 022.00
24	应付股利	2232		8 000 000.00				8 000 000.00
25	其他应付款	2241						0.00
26	递延收益	2401		700 000.00				700 000.00
27	实收资本	4001		80 000 000.00				80 000 000.00
28	资本公积	4002						0.00
29	盈余公积	4101		8 350 000.00				8 350 000.00
30	本年利润	4103						0.00
31	利润分配	4104		459 578.35				459 578.35
32	生产成本	5001						0.00
33	研发支出	5301						0.00
34	制造费用	5101						0.00
35	主营业务收入	6001						0.00

续表

序号	科目名称	科目代码	期初余额 借方	期初余额 贷方	调整数 借方发生额	调整数 贷方发生额	调整后期初余额 借方	调整后期初余额 贷方
36	营业外收入	6301						0.00
37	主营业务成本	6401						0.00
38	税金及附加	6403						0.00
39	销售费用	6601						0.00
40	管理费用	6602						0.00
41	财务费用	6603						0.00
42	以前年度损益调整	6901						0.00
49	合计		141 370 001.35	141 370 001.35	0.00	0.00	141 370 001.35	141 370 001.35

六、明细账期初余额明细表

明细账期初余额明细表

2019年7月31日

一级科目 代码	一级科目 名称	一级科目 金额	二级科目 代码	二级科目 名称	二级科目 金额
1602	累计折旧	7 654 321.00			
2221	应交税费	2 501 345.67	222101	应交税费——增值税（销项税额）	2 501 345.67
			222102	应交税费——所得税	
4101	盈余公积	8 350 000.00	410101	盈余公积——法定盈余公积	5 566 666.67
			410102	盈余公积——任意盈余公积	2 783 333.33
4104	利润分配	600 203.40	410401	利润分配——未分配利润	600 203.40
			410402	利润分配——提取法定盈余公积	
			410403	利润分配——提取任意盈余公积	
6901	以前年度损益调整				

30805综合会计——会计估计变更

经济业务	会计估计变更	更新时间		经济业务摘要
岗　　位	综合会计	级　　别	高级	固定资产折旧年限变更的会计处理
工作方式	手工			

经济业务内容

东北发动机有限公司由于技术更新换代，原折旧年限已不适应新形势，2019年1月11日董事会决议通过了将公司电子设备类固定资产折旧年限由原来的5年变更为3年，残值率由原3%变更为0，计算该会计估计变更对当期及未来期间影响数及会计报表附注披露。

经济业务处理要求

掌握会计估计变更未来适用法的会计处理方法，了解会计估计变更的会计报表附注披露。

经济业务流程

东北发动机有限公司

流程名称：会计估计变更
流程代码：300805
更新时间：2019年1月
风险点：

部门名称	财务部	审批人	张华
主要岗位	综合	会签	田琼、冯露、姜芳、丁富郑欢、鸟瑶、魏巍、刘玉
编辑人	村岛		

流程图

开始 → No.1 资产管理部提出固定资产折旧年限变更方案 → No.2 财务总监审核 → No.3 财经委员会审议 → No.4 董事会审批 → No.5 会计业务处理 → 结束

流程描述及风险控制措施

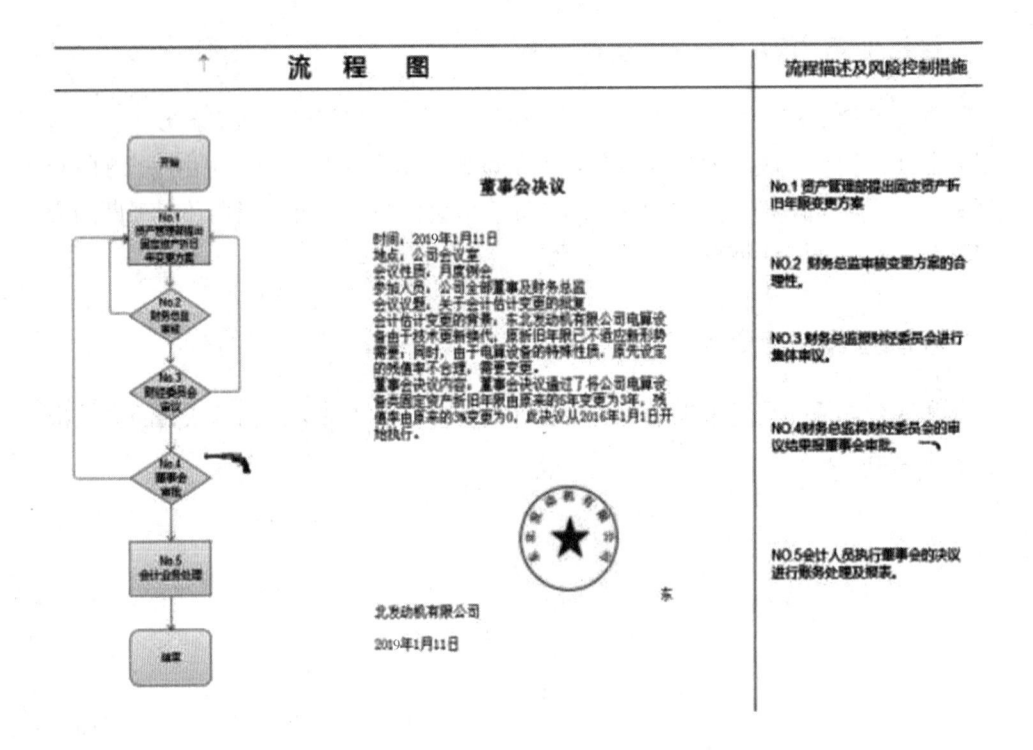

No.1 资产管理部提出固定资产折旧年限变更方案

NO.2 财务总监审核变更方案的合理性

NO.3 财务总监报财经委员会进行集体审议

NO.4 财务总监将财经委员会的审议结果报董事会审批

NO.5 会计人员执行董事会的决议进行账务处理及报表

董事会决议

时间：2019年1月11日
地点：公司会议室
会议性质：月度例会
参加人员：公司全部董事及财务总监
会议议题：关于会计估计变更的批复
会计估计变更的背景：东北发动机有限公司电算设备由于技术更新换代，原折旧年限已不适应新形势需要；同时，由于电算设备的特殊性，原先设定的残值率不合理，需要变更。
董事会决议内容：董事会决议通过了将公司电算设备类固定资产折旧年限由原来的5年变更为3年，残值率由原来的3%变更为0，此决议从2016年1月1日开始执行。

东北发动机有限公司
2019年1月11日

期初业务资料

董事会决议

时间：2019年1月11日

地点：公司会议室

会议性质：月度例会

参加人员：公司全部董事及财务总监

会议议题：关于会计估计变更的批复

会计估计变更的背景：东北发动机有限公司电算设备由于技术更新换代，原折旧年限已不适应新形势需要；同时，由于电算设备的特殊性质，原先设置的残值率不合理，需要变更。

董事会决议内容：董事会决议通过了将公司电算设备类固定资产折旧年限由原来的5年变更为3年，残值率由原来的3%变更为0，此决议自2019年1月11日开始执行。

东北发动机有限公司
2019年1月11日

原固定资产折旧计算表

单位名称：东北发动机有限公司　　　日期：2018年12月31日

　　　　　　　　　折旧方法：平均年限法　　　　残值率：3%　　　　单位：元

资产代码	资产名称	入账日期	购进原值	原折旧年限（月）	原月折旧率	已提折旧月数	本月折旧	累计折旧	净值
合计			1 041 941.46				16 844.72	23 761.75	1 018 179.71
G01000001	计算机	2016/12/15	5 819.88	60	1.617%	24	94.09	2 258.11	3 561.77
G01000002	计算机	2016/12/15	6 000.00	60	1.617%	24	97.00	2 328.00	3 672.00
G01000003	计算机	2016/9/15	6 000.00	60	1.617%	27	97.00	2 619.00	3 381.00
G01000004	服务器	2018/11/15	1 024 121.58	60	1.617%	1	16 556.63	16 556.63	1 007 564.95

审核人：柴章　　　　　　　　　　　　　　　　　　　　　　制表人：顾波

资产负债表（调整前）

编制单位：东北发动机有限公司　　2019年1月31日　　单位：元

资产	行次	期末余额	年初余额	负债和所有者权益（或股东权益）	行次	期末余额	年初余额
流动资产：	1			流动负债：	34		
货币资金	2	1 345 678.90	15 859 388.00	短期借款	35	20 000 000.00	20 000 000.00
交易性金融资产	3			交易性金融负债	36		
应收票据	4	2 000 000.00	3 000 000.00	应付票据	37	4 320 000.00	3 200 000.00
应收账款	5	2 345 678.65	4 068 662.00	应付账款	38	2 345 678.98	4 306 080.00
预付款项	6	7 654 389.76	9 482 616.00	预收款项	39		7 200 000.00
应收利息	7			应付职工薪酬	40		
应收股利	8		35 000.00	应交税费	41	2 501 345.67	1 500 022.00
其他应收款	9	25 000.00		应付利息	42		
存货	10	3 214 678.87	5 154 673.37	应付股利	43	0.00	8 000 000.00
一年内到期的非流动资产	11			其他应付款	44		
其他流动资产	12			一年内到期的非流动负债	45		
流动资产合计	13	26 585 426.18	37 600 339.37	其他流动负债	46		
非流动资产：	14			流动负债合计	47	29 167 024.65	44 206 102.00
可供出售金融资产	15			非流动负债：	48		
持有至到期投资	16			长期借款	49		
长期应收款	17			应付债券	50		
长期股权投资	18			长期应付款	51		
投资性房地产	19			专项应付款	52		
固定资产	20	78 566 789.98	81 400 567.28	预计负债	53		
在建工程	21	8 769 555.00	6 551 813.57	递延收益	54	4 000 000.00	700 000.00
工程物资	22			其他非流动负债	55		
固定资产清理	23			非流动负债合计	56	4 000 000.00	700 000.00
生产性生物资产	24			负债合计	57	33 167 024.65	44 906 102.00

续表

资产	行次	期末余额	年初余额	负债和所有者权益（或股东权益）	行次	期末余额	年初余额
油气资产	25			所有者权益（或股东权益）：	58		
无形资产	26	8 195 456.89	8 162 960.13	实收资本（或股本）	59	80 000 000.00	80 000 000.00
开发支出	27			资本公积	60		
商誉	28			减：库存股	61		
长期待摊费用	29			专项储备	62		
递延所得税资产	30			盈余公积	63	8 350 000.00	8 350 000.00
其他非流动资产	31			未分配利润	64	600 203.40	459 578.35
非流动资产合计	32	95 531 801.87	96 115 340.98	所有者权益合计	65	88 950 203.40	88 809 578.35
资产总计	33	122 117 228.05	133 715 680.35	负债和所有者权益（或股东权益）总计	66	122 117 228.05	133 715 680.35

利润表（调整前）

编制单位：东北发动机有限公司　　　2019年1月31日　　　　　　　单位：元

项　　目	行数	本年金额	上年金额
一、营业收入	1	45 678 976.09	90 456 897.97
减：营业成本	2	40 987 654.78	77 886 549.89
税金及附加	3	1 357 898.87	3 454 398.89
销售费用	4	1 454 328.78	3 476 438.78
管理费用	5	956 376.89	1 845 378.89
财务费用	6	654 321.89	1 123 456.76
资产减值损失	7		
加：公允价值变动收益（损失以"-"号填列）	8		
投资收益（损失以"-"号填列）	9		
其中：对联营企业和合营企业的投资收益	10		
二、营业利润（亏损以"-"号填列）	11	268 394.88	2 670 674.76
加：营业外收入	12		
减：营业外支出	13	127 769.83	
其中：非流动资产处置损失	14		
三、利润总额（亏损总额以"-"号填列）	15	140 625.05	2 670 674.76
减：所得税费用	16		
四、净利润（净亏损以"-"号填列）	17	140 625.05	2 670 674.76

总账科目余额及发生额汇总表

单位名称：东北发动机有限公司　　　2019年1月

序号	科目名称	科目代码	期初余额 借方	期初余额 贷方	借方发生额	贷方发生额	月末余额 借方	月末余额 贷方
1	库存现金	1001					0.00	0.00
2	银行存款	1002	15 859 388.00					
3	其他货币资金	1012						
4	应收票据	1121	3 000 000.00					
5	应收账款	1122	4 068 662.00					
6	预付账款	1123	9 482 616.00					
7	其他应收款	1221	35 000.00					
8	材料采购	1401						
9	原材料	1403	5 154 673.37					
10	材料成本差异	1404						
11	库存商品	1405						
12	固定资产	1601	89 054 888.28					
13	累计折旧	1602		7 654 321.00				
14	在建工程	1604	6 551 813.57					

续表

序号	科目名称	科目代码	期初余额 借方	期初余额 贷方	借方发生额	贷方发生额	月末余额 借方	月末余额 贷方
15	无形资产	1701	8 162 960.13					
16	累计摊销	1702						
17	待处理财产损溢	1901						
18	短期借款	2001		20 000 000.00				
19	应付票据	2201		3 200 000.00				
20	应付账款	2202		4 306 080.00				
21	预收账款	2203		7 200 000.00				
22	应付职工薪酬	2211						
23	应交税费	2221		1 500 022.00				
24	应付股利	2232		8 000 000.00				
25	其他应付款	2241						
26	递延收益	2401		700 000.00				
27	实收资本	4001		80 000 000.00				
28	资本公积	4002						
29	盈余公积	4101		8 350 000.00				
30	本年利润	4103						
31	利润分配	4104		459 578.35				
32	生产成本	5001						
33	研发支出	5301						
34	制造费用	5101						
35	主营业务收入	6001						
36	营业外收入	6301						
37	主营业务成本	6401						
38	税金及附加	6403						
39	销售费用	6601						
40	管理费用	6602						
41	财务费用	6603						
49	合计		141 370 001.35	141 370 001.35				

明细账期初余额明细表

2019年1月31日

一级科目 代码	一级科目 名称	一级科目 金额	二级科目 代码	二级科目 名称	二级科目 金额
1602	累计折旧	7 654 321.00			
4104	利润分配	459 578.35	410401	利润分配——未分配利润	459 578.35

30806 综合会计——资产负债表日后调整事项

工作名称	资产负债表日后调整事项	更新时间		工作内容摘要
岗　　位	综合会计	级　　别	高级	在资产负债表日后对一项售出资产收入的调整
工作方式	手工、软件			

经济业务内容

东北发动机有限公司2017年10月销售给长春机械厂40台M1型号的发动机，价款为702 000元（含应向购货方收取的增值税额），长春机械厂于11月份收到所购物资并验收入库。按合同规定长春机械厂应于收到所购物资后一个月内付款。

2018年12月31日编制2018年度会计报表时，已为该项应收账款提取了坏账准备35 100元（假定坏账准备提取比例为5%），东北发动机有限公司2019年3月25日完成所得税汇算清缴，本年4月10日对外公布报表。

然而，2019年3月20日收到长春机械厂通知，该公司已进行破产清算，无力偿还所欠部分货款，预计可收回应收账款的40%。适用的所得税税率为25%。该事项属于资产负债表日后事项中的调整事项，东北发动机有限公司应予以调整。假定除此项调整事项外，东北发动机有限公司自2019年1月1日起至报表报出日并未发生其他业务。

经济业务处理要求

了解在资产负债表日后调整事项的业务处理流程，掌握会计处理方法，登记会计账簿，调整会计报表相关项目数据。

经济业务流程

东北发动机有限公司

流程名称：资产负债表日后事项	部门名称：财务部	审批人：柴章
流程代码：30806	主责岗位：综合	会签：范婷、高翔、董芳、丁磊
更新时间：2018年12月	编辑人：付晶	邓欢、陈晓、陈曼、刘玉

风险点：

流程图

开始 → NO.1 确认资产负债表日后事项 → NO.2 确定调整事项 → NO.3 财务部长审批 → NO.4 调整会计报表相关比较数据 → NO.5 总经理审批 → 结束

长春市绿园区人民法院民事裁定书

（2018）长春破字第 3-2 号

申请人，李志伟。

申请人李志伟，男，1974年3月2日出生，汉族，长春机械厂厂长，现居于长春市绿园区阳光小区。申请人以长春机械厂以高额债务无力偿还、职工权益无法兑现，无法切实保护各类债权人的合法权益为由，于2017年3月10日向本院申请进行破产清算。

本院查明，申请人李志伟具备申请企业破产清算的资格。

本院认为，申请人所述情况属实。截止至申请人申请企业破产之日，长春机械厂在职职工569人，离退休人员208人，该企业销售持续下滑、亏损连续不断、资不抵债。面对生产经营8时针的艰苦局面，长春机械厂的高额债务无力偿还，职工权益无法兑现，并且无法切实保护各类债权人的合法权益。鉴于长春机械厂在长春市绿园区人民法院的管辖范围之内，本院依照《中华人民共和国企业破产法》第二条、第七条第一款、第十条之规定，裁定如下：

一、受理长春机械厂的破产清算申请；
二、指定重大力为李志伟（债务人）的管理人。

本裁定自即日起生效

审判长 贾达
（代理）审判员 李雷
（代理）审判员 韩梅梅

本件与原件核对无异
书记员 王小红

调整财务报表申请书

李伟财务总监：

本公司于2017年10月与长春机械厂发生一笔销售M1型发动机的业务，货款702 000元未到账，本公司已于2018年末计提了5%的坏账准备。2019年3月20日收到长春机械厂的破产判决书，确定其无力偿还部分欠款，预计会偿还40%。鉴于公司的财务报表将于2019年4月10日对外公布，特此申请调整资产负债表相关数据，希望领导研究批准。

申请人：钟和
财务总监意见：
签字：李伟
2019年3月20日

流程描述

NO.1 确认资产负债表日后事项。

NO.2 根据资产负债表日后事项相关文件，确定是否属于调整事项。

NO.3 财务部长审核调整事项相关文件，确定会计处理方法。

NO.4 会计根据相关文件，调整会计报表相关项目并披露相关数据。

NO.5 总经理审批调整后的财务报告。

期初资料

总账科目余额及发生额汇总表

单位名称：东北发动机股份有限公司　　　　2019年1月

序号	科目名称	科目代码	期初余额 借方	期初余额 贷方	借方发生额	贷方发生额	月末余额 借方	月末余额 贷方
1	库存现金	1001	259 388.00				259 388.00	0.00
2	银行存款	1002	15 600 000.00				15 600 000.00	0.00
5	应收票据	1121	3 000 000.00				3 000 000.00	0.00
6	应收账款	1122	4 068 662.00				4 068 662.00	0.00
7	预付账款	1123	9 482 616.00				9 482 616.00	0.00
8	其他应收款	1221	35 000.00				35 000.00	0.00
9	坏账准备	1231						0.00
11	原材料	1403	1 154 000.00				1 154 000.00	0.00
13	库存商品	1405	3 000 673.00				3 000 673.00	0.00
14	固定资产	1601	81 400 567.28				81 400 567.28	0.00
16	在建工程	1604	6 551 813.57				6 551 813.57	0.00
17	无形资产	1701	8 162 960.13				8 162 960.13	0.00
21	短期借款	2001		20 000 000.00			0.00	20 000 000.00
22	应付票据	2201		3 200 000.00			0.00	3 200 000.00
23	应付账款	2202		2 306 080.00			0.00	2 306 080.00
24	预收账款	2203		7 200 000.00			0.00	7 200 000.00
26	应交税费	2221		1 500 022.00			0.00	1 500 022.00
27	应付股利	2232		8 000 000.00			0.00	8 000 000.00
29	递延收益	2401		700 000.00			0.00	700 000.00
30	实收资本	4001		80 000 000.00			0.00	80 000 000.00
32	盈余公积	4101		8 350 000.00			0.00	8 350 000.00
33	本年利润	4103		983 000.00			0.00	983 000.00
34	利润分配	4104		493 578.35			0.00	493 578.35
35	生产成本	5001	600 000.37				600 000.37	0.00
37	制造费用	5101	400 000.00				400 000.00	0.00
38	主营业务收入	6001		3 860 000.00			0.00	3 860 000.00
39	投资收益	6111		586 000.00				586 000.00
40	营业外收入	6301		26 000.00			0.00	26 000.00
41	主营业务成本	6401	2 650 000.00				2 650 000.00	0.00
42	税金及附加	6403	150 000.00				150 000.00	0.00
43	销售费用	6601	160 000.00				160 000.00	0.00
44	管理费用	6602	200 000.00				200 000.00	0.00
45	财务费用	6603	180 000.00				180 000.00	0.00
46	资产减值损失	6701	120 000.00				120 000.00	0.00
47	营业外支出	6801	29 000.00				29 000.00	0.00
49	合计		137 204 680.35	137 204 680.35	0.00	0.00	137 204 680.35	137 204 680.35

资产负债表

编制单位：东北发动机有限公司　　2018年12月31日　　单位：元

资　产	行次	期末余额	年初余额	负债和所有者权益（或股东权益）	行次	期末余额	年初余额
流动资产：	1			流动负债：	34		
货币资金	2	15 859 388.00	13 600 000.00	短期借款	35	20 000 000.00	32 000 000.00
交易性金融资产	3	3 000 000.00	225 000.00	交易性金融负债	36		
应收票据	4		720 000.00	应付票据	37	3 200 000.00	2 100 000.00
应收账款	5	4 068 662.00	9 950 000.00	应付账款	38	2 306 080.00	1 150 000.00
预付款项	6	9 482 616.00	1 700 000.00	预收款项	39	7 200 000.00	8 600 000.00
应收利息	7			应付职工薪酬	40		
应收股利	8			应交税费	41	1 500 022.00	1 800 056.00
其他应收款	9	35 000.00	508 000.00	应付利息	42		7 100.00
存货	10	5 154 673.37	1 020 000.00	应付股利	43		
一年内到期的非流动资产	11		1 000.00	其他应付款	44	8 000 000.00	8 000 000.00
其他流动资产	12			一年内到期的非流动负债	45		
流动资产合计	13	37 600 339.37	27 723 000.00	其他流动负债	46		
非流动资产：	14			流动负债合计	47	42 206 102.00	53 657 156.00
可供出售金融资产	15			非流动负债：	48		
持有至到期投资	16		80 000.00	长期借款	49		342 000.00
长期应收款	17			应付债券	50		100 000.00
长期股权投资	18			长期应付款	51		
投资性房地产	19			专项应付款	52		
固定资产	20	81 400 567.28	94 000 000.00	预计负债	53		
在建工程	21	6 551 813.57		递延收益	54	700 000.00	

续表

资产	行次	期末余额	年初余额	负债和所有者权益（或股东权益）	行次	期末余额	年初余额
工程物资	22			其他非流动负债	55		
固定资产清理	23			非流动负债合计	56	700 000.00	442 000.00
生产性生物资产	24			负债合计	57	42 906 102.00	54 099 156.00
油气资产	25			所有者权益（或股东权益）：	58		
无形资产	26	8 162 960.13	10 500 000.00	实收资本（或股本）	59	80 000 000.00	72 000 000.00
开发支出	27			资本公积	60		
商誉	28			减：库存股	61		
长期待摊费用	29			专项储备	62		
递延所得税资产	30			盈余公积	63	8 350 000.00	6 305 000.00
其他非流动资产	31			未分配利润	64	2 459 578.35	1 844 878.35
非流动资产合计	32	96 115 340.98	106 526 034.35	所有者权益（或股东权益）合计	65	90 809 578.35	80 149 878.35
资产总计	33	133 715 680.35	134 249 034.35	负债和所有者权益（或股东权益）总计	66	133 715 680.35	134 249 034.35

利润表（调整前）

编制单位：东北发动机有限公司　　2019年1月31日　　　　　　　　　　　　　单位：元

项　目	行数	本年金额	上年金额
一、营业收入	1	3 860 000.00	2 400 000.00
减：营业成本	2	2 650 000.00	1 400 000.00
税金及附加	3	150 000.00	—
销售费用	4	160 000.00	100 000.00
管理费用	5	200 000.00	323 800.00
财务费用	6	180 000.00	20 000.00
资产减值损失	7	120 000.00	8 090.00
加：公允价值变动收益（损失以"-"号填列）	8		
投资收益（损失以"-"号填列）	9	586 000.00	180 000.00
其中：对联营企业和合营企业的投资收益	10		
二、营业利润（亏损以"-"号填列）	11	986 000.00	728 110.00
加：营业外收入	12	26 000.00	40 000.00
减：营业外支出	13	29 000.00	—
其中：非流动资产处置损失	14		
三、利润总额（亏损总额以"-"号填列）	15	983 000.00	768 110.00
减：所得税费用	16	300 000.00	240 110.00
四、净利润（净亏损以"-"号填列）	17	683 000.00	528 000.00

长春市绿园区人民法院
民事裁定书

（2019）长春破字第3-2号

申请人：李志伟

　　申请人李志伟，男，1974年3月2日出生，汉族，长春机械厂厂长，现居于长春市绿园区阳光小区，申请人以长春机械厂高额债务无力偿还、职工权益无法兑现、无法切实保护各类债权人的合法权益为由，于2019年3月10日向本院申请进行破产清算。本院查明，申请人李志伟具备申请企业破产清算的资格。

　　本院认为，申请人所述情况属实，截至申请人申请企业破产之日，长春机械厂在职职工569人，离退休人员208人，该企业销售持续下滑，连续不断亏损，资不抵债。面对生产时开时停的艰难局面，长春机械厂的高额债务无力偿还，职工权益无法兑现，并且无法切实保护各类债权人的合法权益。鉴于长春机械厂在长春市绿园区人民法院的管辖范围之内，本院按照《中华人民共和国企业破产法》第二条、第七条第一款、第十条之规定，裁定如下：

　　一、受理长春机械厂的破产清算申请；
　　二、指定董大力为李志伟（债务人）的管理人。

本裁定自即日起生效
审判长　贾　达
（代理）审判员　李　雷
（代理）审判员　韩梅梅

本件与原件核对无误
书记员　王小红

2019年3月18日
（院印）

调整财务报表申请书

李伟财务总监：

本公司于2017年10月与长春机械厂发生一笔销售M1型发动机的业务，货款702 000元未到账，本公司已于2018年末计提了5%的坏账准备。2019年3月20日收到长春机械厂的破产判决书，确定其无力偿还部分欠款，预计会偿还40%。鉴于公司的财务报表将于2019年4月10日对外公布，特此申请调整资产负债表相关数据，希望领导研究批准。

申请人：钟和

财务总监意见：

签字：李伟

2019年3月20日

补提坏账计算表

计提基数	计提比例	应计提数	已计提数	补计提数
702 000.00	60%	421 200.00	35 100.00	386 100.00

30807综合会计——资产负债表日后非调整事项

经济业务	资产负债表日后非调整事项	更新时间		经济业务摘要
岗　位	综合会计	级　别	高级	资产负债表日后通过股利分配方案
工作方式	手工			

经济业务内容

2019年5月1日,东北发动机有限公司股东会通过2018年度股利分配方案,拟在5月10日每股派发现金股利0.04元,共计需要支付现金股利320万元。公司财务报表对外报出日是5月30日。

经济业务处理要求

掌握资产负债表日后股东会通过的股利分配方案的会计处理原则,了解股东会关于股利分配方案的决议,派发股利当期的账务处理及会计报表披露。

经济业务流程

期初数据

总账科目余额及发生额汇总表

单位名称：东北发动机有限公司　　　　2019年4月

序号	科目名称	科目代码	期末余额 借方	期末余额 贷方	调整数 借方发生额	调整数 贷方发生额	调整后期末余额 借方	调整后期末余额 贷方
1	库存现金	1001					0.00	0.00
2	银行存款	1002	9 345 678.87				9 345 678.87	0.00
4	应收票据	1121	2 000 000.00				2 000 000.00	0.00
5	应收账款	1122	2 345 678.65				2 345 678.65	0.00
6	预付账款	1123	6 654 389.76				6 654 389.76	0.00
7	其他应收款	1221	125 000.00				125 000.00	0.00
9	原材料	1403	3 214 678.87				3 214 678.87	0.00
12	固定资产	1601	86 221 110.98				86 221 110.98	0.00
13	累计折旧	1602		9 754 321.00				9 754 321.00
14	在建工程	1604	13 069 555.00				13 069 555.00	0.00
15	无形资产	1701	8 195 476.78				8 195 476.78	0.00
16	累计摊销	1702		100 019.89			0.00	100 019.89
17	待处理财产损溢	1901					0.00	0.00
18	短期借款	2001		20 000 000.00			0.00	20 000 000.00
19	应付票据	2201		4 320 000.00			0.00	4 320 000.00
20	应付账款	2202		1 245 678.98			0.00	1 245 678.98
23	应交税费	2221		1 301 345.67				1 301 345.67
24	应付股利	2232					0.00	0.00
26	递延收益	2401		649 947.07			0.00	649 947.07
27	实收资本	4001		80 000 000.00			0.00	80 000 000.00
29	盈余公积	4101		8 649 067.80				8 649 067.80
31	利润分配	4104		5 151 188.50				5 151 188.50
49	合计		131 171 568.91	131 171 568.91	0.00	0.00	131 171 568.91	131 171 568.91

明细账期初余额明细表

2019年4月30日

一级科目 代码	一级科目 名称	一级科目 金额	二级科目 代码	二级科目 名称	二级科目 金额
1002	银行存款	9 345 678.87	100201	东风大街支行	9 345 678.87
4104	利润分配	5 151 188.50	410401	未分配利润	5 151 188.50

经济业务证明（外来原始凭证）

资产负债表

2019年4月30日

编制单位：东北发动机有限公司　　　　　　　　　　　　　　　　　　　　　　　　单位：元

资产	行次	期末余额	年初余额	负债和所有者权益（或股东权益）	行次	期末余额	年初余额
流动资产：				流动负债：			
货币资金	1	9 345 678.87	11 345 678.90	短期借款	34	20 000 000.00	20 000 000.00
交易性金融资产	2			交易性金融负债	35		
应收票据	3	2 000 000.00	2 000 000.00	应付票据	36	4 320 000.00	4 320 000.00
应收账款	4	2 345 678.65	2 345 678.65	应付账款	37	1 245 678.98	2 345 678.98
预付款项	5	6 654 389.76	7 654 389.76	预收款项	38		
应收利息	6			应付职工薪酬	39		
应收股利	7			应交税费	40	1 301 345.67	2 501 345.67
其他应收款	8	125 000.00	25 000.00	应付利息	41		
存货	9	3 214 678.87	3 214 678.87	应付股利	42	0.00	0.00
一年内到期的非流动资产	10			其他应付款	43		
其他流动资产	11			一年内到期的非流动负债	44		
流动资产合计	12	23 685 426.15	26 585 426.18	其他流动负债	45		
非流动资产：	13			流动负债合计	46	26 867 024.65	29 167 024.65
可供出售金融资产	14			非流动负债：	47		
持有至到期投资	15			长期借款	48		
长期应收款	16			应付债券	49		
长期股权投资	17			长期应付款	50		
投资性房地产	18			专项应付款	51		

续表

资产	行次	期末余额	年初余额	负债和所有者权益（或股东权益）	行次	期末余额	年初余额
固定资产	20	76 466 789.98	78 566 789.98	预计负债	53		
在建工程	21	13 069 555.00	8 769 555.00	递延收益	54	649 947.07	1 149 947.07
工程物资	22			其他非流动负债	55		
固定资产清理	23			非流动负债合计	56	649 947.07	1 149 947.07
生产性生物资产	24			负债合计	57	27 516 971.72	30 316 971.72
油气资产	25			所有者权益（或股东权益）：	58		
无形资产	26	8 095 456.89	8 195 456.89	实收资本（或股本）	59	80 000 000.00	80 000 000.00
开发支出	27			资本公积	60		
商誉	28			减：库存股	61		
长期待摊费用	29			专项储备	62		
递延所得税资产	30			盈余公积	63	8 649 067.80	8 649 067.80
其他非流动资产	31			未分配利润	64	5 151 188.50	3 151 188.53
非流动资产合计	32	97 631 801.87	95 531 801.87	所有者权益合计	65	93 800 256.30	91 800 256.33
资产总计	33	121 317 228.02	122 117 228.05	负债和所有者权益（或股东权益）总计	66	121 317 228.02	122 117 228.05

编制单位：东北发动机有限公司

所有者权益（股东权益）变动表

2019年4月30日

金额单位：元

项目	行次	本年金额				上年金额			
		实收资本	盈余公积	未分配利润	所有者权益合计	实收资本	盈余公积	未分配利润	所有者权益合计
一、上年年末余额	1	80 000 000.00	8 649 067.80	3 151 188.53	91 800 256.33	80 000 000.00	8 382 000.32	480 513.77	88 862 514.09
加：会计政策变更	2	0.00	0.00	0.00	—	0.00	0.00	0.00	0.00
前期差错更正	3	0.00	0.00	0.00	—	0.00	0.00	0.00	0.00
二、本年年初余额	4	80 000 000.00	8 649 067.80	3 151 188.53	91 800 256.33	80 000 000.00	8 382 000.32	480 513.77	88 862 514.09
三、本年增减变动金额（减少以"-"号填列）	5	0.00	0.00	0.00	0.00	0.00	0.00	0.00	0.00
（一）净利润	6	0.00	0.00	1 999 999.97	0.00	0.00	0.00	2 670 674.76	0.00
（二）直接计入所有者权益的利得和损失	7	0.00	0.00	0.00	0.00	0.00	0.00	0.00	0.00
上述（一）和（二）小计	12	0.00	0.00	0.00	0.00	0.00	0.00	0.00	0.00
（三）所有者投入和减少资本	13	0.00	0.00	0.00	0.00	0.00	0.00	0.00	0.00
1.所有者投入资本	14	0.00	0.00	0.00	0.00	0.00	0.00	0.00	0.00
2.股份支付计入所有者权益的金额	15	0.00	0.00	0.00	0.00	0.00	0.00	0.00	0.00
3.其他	16	0.00	0.00	0.00	0.00	0.00	0.00	0.00	0.00
（四）利润分配	17	0.00	0.00	5 151 188.50	0.00	0.00	0.00	0.00	0.00
1.提取盈余公积	18	0.00	—	0.00	0.00	0.00	267 067.48	−267 067.48	0.00
2.对所有者（或股东）的分配	19	0.00	0.00	3 200 000.00	0.00	0.00	0.00	0.00	0.00
3.其他	20	0.00	0.00	0.00	0.00	0.00	0.00	0.00	0.00

续表

项目	行次	本年金额					上年金额			
		实收资本	盈余公积	未分配利润	所有者权益合计	实收资本	盈余公积	未分配利润	所有者权益合计
（五）所有者权益内部结转	21	0.00	0.00	0.00	0.00	0.00	0.00	0.00	0.00
1.资本公积转增资本（或股本）	22	0.00	0.00	0.00	0.00	0.00	0.00	0.00	0.00
2.盈余公积转增资本（或股本）	23	0.00	0.00	0.00	0.00	0.00	0.00	0.00	0.00
3.盈余公积弥补亏损	24	0.00	0.00	0.00	0.00	0.00	0.00	0.00	0.00
4.其他	25	0.00	0.00	0.00	0.00	0.00	0.00	0.00	0.00
四、本年年末余额	26	80 000 000.00	8 649 067.80	1 951 188.50	90 600 256.30	80 000 000.00	8 649 067.80	3 151 188.53	91 800 256.33

电子银行业务回单（付款）

交易日期：2019年5月10日	交易流水号：5278956121
付款人账号：2008 1665 8888 8888	收款人账号：2008 1665 8888 7777
付款人名称：东北发动机有限公司	收款人名称：吉林省国有资产管理有限公司
付款人开户行：长春市工商银行东风大街支行	收款人开户行：长春市工商银行西朝阳路支行
币种：人民币　　金额：（大写）贰佰贰拾肆万元整	（小写）¥：2 240 000.00

银行附言：
客户附言：支付2018年股东股利
渠道：网上银行
记账流水号：1147521357000
电子凭证号：2131245121

登录号：	网点编号：		打印状态：第一次打印
客户验证码：	柜员号：	打印方式：	打印日期：2019.5.10

电子银行业务回单（付款）

交易日期：2019年5月10日	交易流水号：5278956135
付款人账号：2008 1665 8888 8888	收款人账号：2008 1665 8888 6666
付款人名称：东北发动机有限公司	收款人名称：首都汽车制造有限公司
付款人开户行：长春市工商银行东风大街支行	收款人开户行：长春市工商银行仙台大街支行
币种：人民币　　金额：（大写）玖拾陆万元整	（小写）¥：960 000.00

银行附言：
客户附言：支付2018年股东股利
渠道：网上银行
记账流水号：1147521357058
电子凭证号：2131245254

登录号：	网点编号：		打印状态：第一次打印
客户验证码：	柜员号：	打印方式：	打印日期：2019.5.10

经济业务证明（自制原始凭证）

东北发动机有限公司股东会
关于2018年度股利分配的决议

2019年5月1日，东北发动机有限公司股东会通过2018年度股利分配方案，拟在5月10日每股派发现金股利0.04元，共计需要支付现金股利320万元。会议如期在公司主楼三楼会议室举行，会议出席股东共计2人，代表有表决权的股份总额8 000万股，全体董事、监事出席本次会议，总经理、其他高级管理人员及有关人员列席了本次会议。会议的召集、召开符合有关法律、法规和公司章程的规定。会议由董事长马实先生主持，会议以记名投票表决方式通过了东北发动机有限公司2018年度股利分配的议案。

2019年5月1日

股东签字：

吉林省国有资产管理有限公司

首都汽车制造有限公司

付款审批单

部门：财务部　　　　　　　2019年5月10日

收款单位	吉林省国有资产管理有限公司	付款理由：支付2018年股利
开户银行	长春市工商银行西朝阳路支行	付款方式：银行转账
银行账号	2008 1665 8888 7777	说明：
金额	人民币（大写）贰佰贰拾肆万元整	￥2 240 000.00
总经理审批	财务部长	部门经理	经办人
马实	柴章		钟和

付款审批单

部门：财务部　　　　　　　2019年5月10日

收款单位	首都汽车制造有限公司	付款理由：支付2018年股利
开户银行	长春市工商银行仙台大街支行	付款方式：银行转账
银行账号	2008 1665 8888 6666	说明：
金额	人民币（大写）玖拾陆万元整	￥960 000.00
总经理审批	财务部长	部门经理	经办人
马实	柴章		钟和

30808 综合会计——利润分析

经济业务	利润分析	更新时间		经济业务摘要
岗　　位	综合会计	级　　别	高级	对影响利润变化的因素进行分析
工作方式	手工			

经济业务内容

分析2019年比2018年公司利润总额变化因素，同时按因素对利润总额的影响方向和影响程度进行排序，说明原因。

经济业务流程

掌握利润分析的方法，熟练计算基期、报告期所产生的差额，对价格的变动、成本的变化、销量的增减、品种结构的变化及各种费用变动因素对利润的影响进行系统分析，并制作相关分析报表，根据分析结果进行经济事项决策。

分析前资料

东北发动机有限公司

流程名称：利润分析
流程代码：30808
更新时间：2019年1月
风险点：

部门名称：财务部		审批人：柴章	
主责岗位：材料会计	会	范婷 高翔 董芳 丁磊	
编辑人：刘玉	签	邓欢 陈晓 陈曼 付晶	

流 程 图	流程描述
开始 → NO.1 取得分析资料 → NO.2 计算利润表差额 → NO.3 计算税金及费用差额 → NO.4 计算价格因素 → NO.5 计算成本因素 → NO.6 计算销量因素 → NO.7 计算品种结构 → NO.8 排序影响利润总额变化因素 → NO.9 制作因素排序图 → NO.10 分析影响利润总额变化的因素 → 结束	NO.1 取得利润分析的相关表单资料（如利润表、税金明细等）。 NO.2 计算利润表上期与本期金额的差额。 NO.3 计算税金以及相关费用的上期与本期的差额（管理费用、销售费用、财务费用等）。 NO.4 根据上期和本期的销售情况计算出影响边际利润变化的价格因素。 NO.5 根据上期和本期的销售情况计算出影响边际利润变化的成本因素。 NO.6 根据上期和本期的销售情况计算出影响边际利润变化的销量因素。 NO.7 根据上期和本期的销售情况计算出影响边际利润变化的品种结构因素。 NO.8 依据利润表差额、税金、费用、价格因素、成本因素、销量因素、品种结构汇总排序，并制作影响利润总额变化因素的排列表。 NO.9 根据排列表制作柱形图图形 NO.10 相关的文字分析，分析影响利润总额的变化因素。

利润表

编制单位：东北发动机有限公司　　　　2019年　　　　　　　　　　　　单位：元

项　目	行次	本期金额	上期金额
一、营业收入	1	151 840 890.00	151 635 850.00
减：营业成本	2	97 963 750.00	97 866 500.00
二、边际利润		53 877 140.00	53 769 350.00
税金及附加	3	1 123 650.00	1 116 104.70
销售费用	4	6 851 184.29	6 891 989.21
管理费用	5	5 414 043.86	5 429 297.80
财务费用	6	10 500.00	−1 100.00
资产减值损失	7		
加：公允价值变动收益（损失以"−"号填列）	8		
投资收益（损失以"−"号填列）	9		
其中：对联营企业合营企业的投资收益	10		
三、营业利润（亏损以"−"号填列）	11	40 477 761.85	40 333 058.29
加：营业外收入	12	−10 600.00	8 000.00
减：营业外支出	13		
其中：非流动资产处置损失	14		
四、利润总额（损失以"−"号填列）	15	40 467 161.85	40 341 058.29
减：所得税	16		
五、净利润	17	40 467 161.85	40 341 058.29

税金及附加明细表

单位：元

种类	本期金额	上期金额
附加税	1 123 650.00	1 116 104.70
合　计	1 123 650.00	1 116 104.70

销售费用明细表

单位：元

项目	本期金额	上期金额
宣传费	3 449 569.49	3 483 890.45
招待费	552 000.00	583 489.00
运输费	2 849 614.80	2 824 609.76
合计	6 851 184.29	6 891 989.21

管理费用明细表

单位：元

项目	本期金额	上期金额
办公费	1 810 569.92	1 826 566.30
水电费	1 775 878.84	1 761 063.15
差旅费	1 827 595.10	1 841 668.35
合计	5 414 043.86	5 429 297.80

财务费用明细表

单位：元

项目	本期金额	上期金额
利息费	10 500.00	−1 100.00
合计	10 500.00	−1 100.00

营业外收入明细表

单位：元

项目	本期金额	上期金额
固定资产盘盈	−10 600.00	8 000.00

计算2018年（上期）与2019年（本期）差额，如表1所示。

表1　　　　　　　　　　　利润表及利润分配表

编制单位：东北发动机有限公司　　　　2019年　　　　　　　　　　单位：元

项目	行次	本期金额	上期金额	差额
一、营业收入	1	151 840 890.00	151 635 850.00	205 040.00
减：营业成本	2	97 963 750.00	97 866 500.00	97 250.00
二、边际利润		53 877 140.00	53 769 350.00	107 790.00
税金及附加	3	1 123 650.00	1 116 104.70	7 545.30
销售费用	4	6 851 184.29	6 891 989.21	−40 804.92
管理费用	5	5 414 043.86	5 429 297.80	−15 253.94
财务费用	6	10 500.00	−1 100.00	11 600.00
资产减值损失	7			—
加：公允价值变动收益（损失以"−"号填列）	8			—
投资收益（损失以"−"号填列）	9			—
其中：对联营企业合营企业的投资收益	10			—
三、营业利润（亏损以"−"号填列）	11	40 477 761.85	40 333 058.29	144 703.56
加：营业外收入	12	−10 600.00	8 000.00	−18 600.00
减：营业外支出	13			—
其中：非流动资产处置损失	14			—
四、利润总额（损失以"−"号填列）	15	40 467 161.85	40 341 058.29	126 103.56
减：所得税	16			—
五、净利润	17	40 467 161.85	40 341 058.29	126 103.56

取得2018年（上期）与2019年（本期）销售明细如表2和表3所示。

表2　　　　　　　　　　　　销售明细表

年度：2018年

产品名称	数量	单价	主营业务收入	单位成本	主营业务成本	边际利润
发动机总成M1	8 700	7 810.00	67 947 000.00	5 150.00	44 805 000.00	23 142 000.00
发动机总成M2	8 070	7 755.00	62 582 850.00	4 950.00	39 946 500.00	22 636 350.00
发动机总成M3	3 050	6 920.00	21 106 000.00	4 300.00	13 115 000.00	7 991 000.00
发动机总成M4			—		—	—
发动机总成M5			—		—	—
合计	19 820		151 635 850.00		97 866 500.00	53 769 350.00

表3　　　　　　　　　　　　销售明细表

年度：2019年

产品名称	数量	单价	主营业务收入	单位成本	主营业务成本	边际利润
发动机总成M1	6 610	7 925.00	52 384 250.00	5 160.00	34 107 600.00	18 276 650.00
发动机总成M2	8 050	7 670.00	61 743 500.00	4 935.00	39 726 750.00	22 016 750.00
发动机总成M3			—		—	—
发动机总成M4	2 835	6 538.00	18 535 230.00	4 070.00	11 538 450.00	6 996 780.00
发动机总成M5	3 005	6 382.00	19 177 910.00	4 190.00	12 590 950.00	6 586 960.00
合计	20 500		151 840 890.00		97 963 750.00	53 877 140.00

计算税金及附加明细表差额，如表4所示。

表4　　　　　　　　　　　　税金及附加明细表

种类	本期金额	上期金额	差额
附加税	1 123 650.00	1 116 104.70	7 545.3
合　计	1 123 650.00	1 116 104.70	7 545.3

计算销售费用、管理费用、财务费用，营业外支出明细表差额，如表5、表6、表7、表8所示。

表5　　　　　　　　　　　　销售费用明细表

项目	本期金额	上期金额	差额
业务宣传费	3 449 569.49	3 483 890.45	−34 320.96
业务招待费	552 000.00	583 489.00	−31 489.00
运输费	2 849 614.80	2 824 609.76	25 005.04
合计	6 851 184.29	6 891 989.21	−40 804.92

表6　　　　　　　　　　　　管理费用明细表

项目	本期金额	上期金额	差额
办公费	1 810 569.92	1 826 566.30	−15 996.38
水电费	1 775 878.84	1 761 063.15	14 815.69
差旅费	1 827 595.10	1 841 668.35	−14 073.25
合计	5 414 043.86	5 429 297.80	−15 253.94

表7　　　　　　　　　　　　财务费用明细表

项目	本期金额	上期金额	差额
利息费	10 500.00	−1 100.00	11 600
合计	10 500.00	−1 100.00	11 600

表8　　　　　　　　　　　　营业外收入明细表

项目	本期金额	上期金额	差额
固定资产盘盈	−10 600.00	8 000.00	−18 600

30809 综合会计——股份制改造

经济业务	股份制改造	更新时间		工作内容摘要
岗　　位	资金会计	级　　别	高级	股份制改造
工作方式	手工、软件			

经济业务内容

2019年1月5日，东北发动机有限公司董事会向全体股东寄发召开股东会的会议通知，通知全体股东于1月25日召开第二次股东会，全体股东一致通过以2018年12月31日为基准日，将公司整体变更为股份有限公司，以该基准日经审计的账面净资产154 306 722.39元进行折股，全体股东一致同意按每股1元价格进行折股，共计可折股15 020万股15 020万元，差额计入资本公积。

经济业务处理要求

了解公司整体变更为股份有限公司的业务处理流程，了解股改方案，进行股改业务的相关账务处理，登记相关账簿，编制股改基准日的资产负债表。

经济业务处理流程

东北发动机有限公司

流程名称：股份制改造	部门名称：财务部	审批人：柴章
流程代码：30809	主责岗位：综合	会签：范婷、高翔、董芳、丁磊 邓欢、陈晓、陈曼、刘玉
更新时间：2018年12月	编辑人：付晶	
风险点：		

流程图

开始 → NO.1 董事会起草股改方案 → NO.2 股东会审核通过 → NO.3 基准日审计评估 → NO.4 确定并执行折股方案 → NO.5 会计记账 → NO.6 办理工商、税务、银行变更手续 → 结束

（相关文档：董事会决议、拆股方案、营业执照税务登记）

流程描述

NO.1 董事会起草股改方案。

NO.2 股东会审核股改方案，未予通过的，董事会重新起草。

NO.3 聘请审计及资产评估中介机构，进行审计评估，确定股改基准日及折股方案。

NO.4 依据折股方案，修改公司章程，确定公司组织架构。

NO.5 会计依据股改方案进行账务处理。

NO.6 办理工商、税务、银行等变更手续。

期初资料

整体变更股份有限公司前股权结构情况表

股东名称	持股数额（万股）	持股比例（%）
吉林省国有资产管理有限公司	72 000 000.00	61.02
首都汽车制造有限公司	38 000 000.00	32.20
马实	3 000 000.00	2.54
付忠	2 000 000.00	1.69
张兴国	1 000 000.00	0.85
楚浩然	1 000 000.00	0.85
程菲	1 000 000.00	0.85
合计	118 000 000.00	100.00

资产负债表

2018年12月31日

编制单位：东北发动机有限公司 单位：元

资产	行次	期末余额	年初余额	负债和所有者权益（或股东权益）	行次	期末余额	年初余额
流动资产：				流动负债：			
货币资金	1	32 175 101.63	20 352 735.12	短期借款	34		700 000.00
交易性金融资产	2			交易性金融负债	35		
应收票据	3	9 564 738.00	8 375 000.00	应付票据	36		
应收账款	4	25 478 392.00	930 000.00	应付账款	37	9 482 328.20	30 000.00
预付款项	5			预收款项	38	223 648.48	50 000.00
应收利息	6			应付职工薪酬	39		0.00
应收股利	7	3 247 346.46	4 938 256.91	应交税费	40	2 432 860.31	137 009.11
其他应收款	8			应付利息	41		
存货	9		0.00	应付股利	42		
一年内到期的非流动资产	10			其他应付款	43	212 500.82	9 000.00
其他流动资产	11			一年内到期的非流动负债	44		
流动资产合计	12	70 465 578.09	34 595 992.03	其他流动负债	45		
非流动资产：	13			流动负债合计	46	12 351 337.81	926 009.11
可供出售金融资产	14			非流动负债：	47		
持有至到期投资	15			长期借款	48		
长期应收款	16			应付债券	49		
长期股权投资	17			长期应付款	50		
投资性房地产	18			专项应付款	51		
固定资产	19	81 710 818.65	62 670 999.13	预计负债	52		
在建工程	20	6 551 813.57	5 000 000.00	递延收益	53		0.00
	21				54		

续表

资　产	行次	期末余额	年初余额	负债和所有者权益（或股东权益）	行次	期末余额	年初余额
工程物资	22			其他非流动负债	55		
固定资产清理	23			非流动负债合计	56	0.00	0.00
生产性生物资产	24			负债合计	57	12 351 337.81	926 009.11
油气资产	25			所有者权益（或股东权益）：	58		
无形资产	26	7 867 114.85	7 292 361.51	实收资本（或股本）	59	118 000 000.00	98 000 000.00
开发支出	27	62 735.04	0.00	资本公积	60	24 000 000.00	
商誉	28			减：库存股	61		
长期待摊费用	29			专项储备	62		
递延所得税资产	30			盈余公积	63	5 050 000.00	4 660 062.23
其他非流动资产	31			未分配利润	64	7 256 722.39	5 973 281.33
非流动资产合计	32	96 192 482.11	74 963 360.64	所有者权益（或股东权益）合计	65	154 306 722.39	108 633 343.56
资产总计	33	166 658 060.20	109 559 352.67	负债和所有者权益（或股东权益）总计	66	166 658 060.20	109 559 352.67

经济业务证明（原始凭证）

总账科目余额及发生额汇总表

单位名称：东北发动机有限公司　　　　2019年1月　　　　　　　　　　单位：元

序号	科目名称	科目代码	期初余额 借方	期初余额 贷方	借方发生额	贷方发生额	月末余额 借方	月末余额 贷方
1	库存现金	1001	21 647.00					
2	银行存款	1002	32 153 454.63					
3	其他货币资金	1012						
4	应收票据	1121	9 564 738.00					
5	应收账款	1122	25 478 392.00					
9	原材料	1403	2 023 411.02					
10	材料成本差异	1404		269 881.76				
11	库存商品	1405	1 403 991.22					
12	固定资产	1601	99 994 084.98					
13	累计折旧	1602		18 283 266.33				
14	在建工程	1604	6 551 813.57					
15	无形资产	1701	18 000 000.00					
16	累计摊销	1702		10 132 885.15				
17	待处理财产损溢	1901						
18	短期借款	2001						
19	应付票据	2201						
20	应付账款	2202		9 482 328.20				
21	预收账款	2203		223 648.48				
22	应付职工薪酬	2211						
23	应交税费	2221		2 432 860.31				
24	应付股利	2232						
25	其他应付款	2241		212 500.82				
26	递延收益	2401						
27	实收资本	4001		118 000 000.00				
28	资本公积	4002		24 000 000.00				
29	盈余公积	4101		5 050 000.00				
30	本年利润	4103						
31	利润分配	4104		7 256 722.39				
32	生产成本	5001	89 825.98					
33	研发支出	5301	62 735.04					
49	合计		195 344 093.44	195 344 093.44	0.00	0.00	0.00	0.00

明细账期初余额明细表

2019年1月1日

一级科目			二级科目			三级科目		
代码	名称	金额	代码	名称	金额	代码	名称	金额
4001	实收资本	118 000 000.00	400101	法人股	110 000 000.00	40010101	吉林省国有资产管理有限公司	72 000 000.00
						40010102	首都汽车制造有限公司	38 000 000.00
			400102	自然人股	8 000 000.00	40010103	马实	3 000 000.00
						40010104	付忠	2 000 000.00
						40010105	张兴国	1 000 000.00
						40010106	楚浩然	1 000 000.00
						40010107	程菲	1 000 000.00
4002	资本公积	24 000 000.00	400201	股本溢价	24 000 000.00			
4003	盈余公积	5 050 000.00	400301	法定盈余公积	5 050 000.00			
4004	未分配利润	7 256 722.39	400401	未分配利润	7 256 722.39			

一、吉林省国资委《关于东北发动机有限公司国有股权管理有关问题的批复》

吉林省国有资产监督管理委员会

国资改〔2018〕93号

关于东北发动机有限公司
国有股权管理有关问题的批复

东北发动机有限公司：

你公司《关于东北发动机有限公司接受自然人增资入股的申请》收悉，经吉林省国资委研究决定，同意东北发动机有限公司接受自然人增资入股，且入股后自然人占总股本比例不超过10%，同意公司以2018年12月31日为基准日整体变更为股份有限公司，请尽快组织实施。

此复。

吉林省国有资产监督管理委员会
二零一八年九月二十六日

二、关于整体变更为股份有限公司的股东会决议

东北发动机有限公司关于股改的股东会决议

东北发动机有限公司股改股东会会议通知于2019年1月5日以专人送达、电子邮件等方式送达全体股东、董事、监事、总经理及其他高级管理人员。2019年1月25日，会议如期在公司主楼三楼会议室举行，会议出席股东共计7人，代表有表决权的股份总额11 800万股，全体董事、监事出席本次会议，总经理、其他高级管理人员及有关人员列席了本次会议。会议的召集、召开符合有关法律、法规和公司章程的规定。会议由董事长马实先生主持，会议以记名投票表决方式通过了以下提案：

1.《关于变更东北发动机有限公司为东北发动机股份有限公司的议案》

表决结果：11 800万股同意，0万股反对，0万股弃权。该议案已通过。

2.《关于设定2018年12月31日为股改基准日的议案》

表决结果：11 800万股同意，0万股反对，0万股弃权。该议案已通过。

3.《关于以经审计后的账面净资产154 306 722.39元折合为15 020万股，剩余286 722.39元作为资本公积，整体变更设立股份有限公司的议案》

表决结果：11 800万股同意，0万股反对，0万股弃权。该议案已通过。

4.《关于东北发动机有限公司全体股东共同签署〈发起人协议书〉的议案》

表决结果：11 800万股同意，0万股反对，0万股弃权。该议案已通过。

东北发动机有限公司股改的股东会会议决议之股东签字：

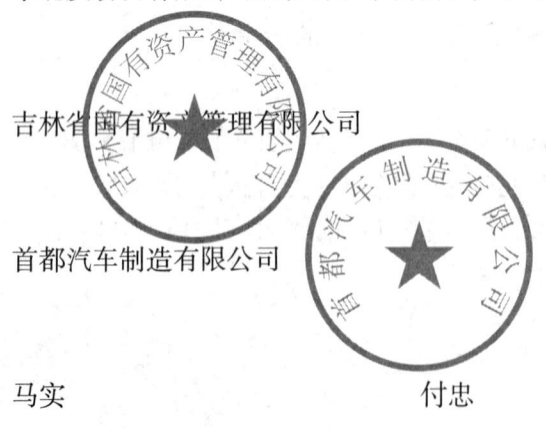

吉林省国有资产管理有限公司

首都汽车制造有限公司

马实　　　　　　　　　　　付忠　　　　　　　　　　　张兴国

楚浩然　　　　　　　　　　程菲

三、2018年12月31日净资产审计报告摘录

关于东北发动机有限公司2018年12月31日净资产审计鉴证报告

长美达审字〔2019〕第008号

东北发动机有限公司全体股东：

我们审计了后附的东北发动机有限公司（以下简称东北发动机公司）截至2018年12月31日的资产负债表。

一、管理层对财务报表的责任

按照企业会计准则的规定编制财务报表是东北发动机有限公司管理当局的责任。这种责任包括：（1）设计、实施和维护与财务报告编制相关的内部控制，以使财务报表不存在由于舞弊或错误而导致的重大错报；（2）选择和运用恰当的会计政策；（3）作出合理的会计估计。

二、注册会计师的责任

我们的责任是在实施审计工作的基础上对财务报表发表审计意见。我们按照中国注册会计师审计准则的规定执行了审计工作。中国注册会计师审计准则要求我们遵守职业道德规范，计划和实施审计工作以对财务报表是否不存在重大错报获取合理保证。

审计工作涉及实施审计程序，以获取有关财务报表金额和披露的审计证据。选择的审计程序取决于注册会计师的判断，包括对由于舞弊或错误导致的财务报表重大错报风险的评估。在进行风险评估时，我们考虑与财务报表编制相关的内部控制，以设计恰当的审计程序，但目的并非对内部控制的有效性发表意见。审计工作还包括评价管理层选用会计政策的恰当性和作出会计估计的合理性，以及评价财务报表的总体列报。

我们相信，我们获取的审计证据是充分、适当的，为发表审计意见提供了基础。现已审计完毕，情况报告如下：

三、净资产鉴证

经审计，公司资产总额为166 658 060.20元，负债总额为12 351 337.81元，净资产为154 306 722.39元。

长春市美达会计师事务所有限公司　　　　　中国注册会计师：杨洋

中国　　　长春　　　　　　　　　　　　　中国注册会计师：金鑫

二〇一九年一月二十日

四、2018年12月31日资产评估报告摘录

东北发动机有限公司股改净资产评估报告书

长光华评报字〔2019〕第08号

长春市光华资产评估有限公司（以下简称"本公司"）接受东北发动机有限公司（以下简称"贵公司"）的委托，依据国家有关资产评估的法律、法规和政策，本着独立、客观、公正、科学的原则，运用法定或公允的方法及程序，对贵公司拟出售其所持有的东北发动机有限公司股权所涉及的资产和负债进行了评估工作。在委托方、资产占有方有关人员密切配合和大力协助下，本公司评估人员对委托评估资产进行了实地查勘与核对，同时进行了必要的市场调查以及我们认为需要实施的其他评估程序，对委估资产和负债在评估基准日2018年12月31日所表现的市场公允价值做出了公允反映，现将资产评估情况及评估结果报告如下：

一、委托方、资产占有方及其他评估报告使用者简介

委托方：东北发动机有限公司

注册地址：长春市东风大街1888号

注册资本：人民币壹亿壹仟捌佰万元整

实收资本：人民币壹亿壹仟捌佰万元整

企业类型：有限公司

经营范围：开发、销售各类发动机及其零配件、机械产品、高科技产品；机械项目的投资、经营管理及相关高新技术产业开发。

二、评估目的

本次评估的目的是确定东北发动机有限公司的资产和负债在评估基准日的市场价值，为东北发动机有限公司增资扩股提供价值参考依据。

三、评估对象和范围

本次评估对象为：以2018年12月31日为基准日的东北发动机有限公司的净资产。

评估范围为：东北发动机有限公司所申报的经长春市美达会计师事务所有限公司审计后的资产及负债。

四、评估结论

截至评估基准日2018年12月31日，在持续使用前提下，东北发动机有限公司委估资产：账面值166 658 060.20元，调整后账面值166 658 060.20元，评估值169 884 096.96元，增值3 226 036.76元，增值率1.94%；负债：账面值12 351 337.81元，调整后账面值12 351 337.81元，评估值12 351 337.81元，增值率0%；净资产：账面值154 306 722.39元，调整后账面值154 306 722.39元，评估值157 532 759.15元，增值3 226 036.76元，增值率2.09%。具体见下表：

资产评估结果汇总表

评估基准日：2018年12月31日

资产占有单位名称：东北发动机有限公司　　　　　　　　　　金额单位：人民币元

项　目		账面价值 A	调整后账面值 B	评估价值 C	增减值 D=C-B	增值率 （%）
流动资产	1	70 465 578.09	70 465 578.09	70 465 578.09	0.00	0.00
固定资产	4	88 262 632.22	88 262 632.22	89 436 322.28	1 173 690.06	1.33
其中：在建工程	5	6 551 813.57	6 551 813.57	7 315 212.11	763 398.54	11.65
建筑物	6	81 710 818.65	81 710 818.65	82 121 110.17	410 291.52	0.50
设备	7		0.00		0.00	
无形资产	8	7 867 114.85	7 867 114.85	9 919 461.55	2 052 346.70	26.09
其中：土地使用权	9	7 867 114.85	7 867 114.85	9 919 461.55	2 052 346.70	26.09
其他资产	10	62 735.04	62 735.04	62 735.04	0.00	0.00
资产总计	11	166 658 060.20	166 658 060.20	169 884 096.96	3 226 036.76	1.94
流动负债	12	12 351 337.81	12 351 337.81	12 351 337.81	0.00	0.00
负债总计	14	12 351 337.81	12 351 337.81	12 351 337.81	0.00	0.00
净资产	15	154 306 722.39	154 306 722.39	157 532 759.15	3 226 036.76	2.09

法定代表人：　[印]　张梵

签字注册资产评估师：　于晓丽

签字注册资产评估师：　孙铭阳

长春市光华资产评估有限公司

2019年1月

30902 出纳——外币折算

经济业务	外币折算	更新时间		经济业务摘要
岗　　位	资金会计	级　　别	高级	外币交易会计处理
工作方式	手工			

经济业务内容

东北发动机有限公司的记账本位币为人民币，是增值税一般纳税人，2018年12月1日该公司从美国江森自控有限公司进口一台机床，设备价款25万美元，当日即期汇率为：1美元=6.4元人民币，应缴纳进口关税32 000元人民币，支付进口增值税212 160元人民币，税款以银行存款——人民币户支付，设备款未支付。12月31日汇率为：1美元=6.3元人民币。

经济业务处理要求

对上述外币交易业务进行账务处理，对12月31日的外币项目进行折算。

经济业务流程

东北发动机有限公司

流程名称：外币业务处理
流程代码：30902
更新时间：2019年3月
风险点：

部门名称：财务部	审批人：柴章
主责岗位：综合	会签：范婷、高翔、董芳、丁磊、邓欢、陈晓、陈曼、刘玉
编辑人：付晶	

流程图

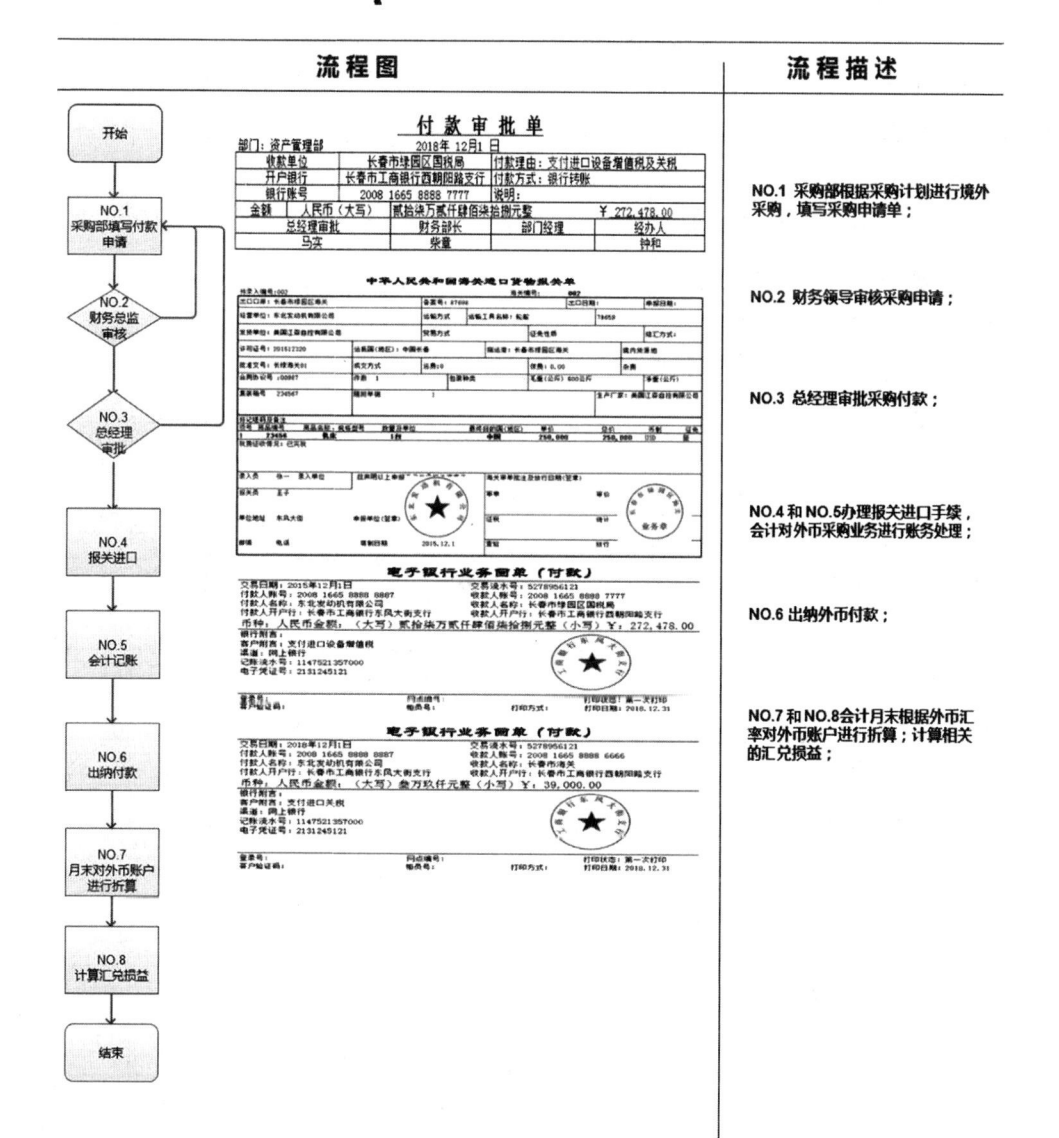

- 开始
- NO.1 采购部填写付款申请
- NO.2 财务总监审核
- NO.3 总经理审批
- NO.4 报关进口
- NO.5 会计记账
- NO.6 出纳付款
- NO.7 月末对外币账户进行折算
- NO.8 计算汇兑损益
- 结束

流程描述

NO.1 采购部根据采购计划进行境外采购，填写采购申请单；

NO.2 财务领导审核采购申请；

NO.3 总经理审批采购付款；

NO.4 和 NO.5 办理报关进口手续，会计对外币采购业务进行账务处理；

NO.6 出纳外币付款；

NO.7 和 NO.8 会计月末根据外币汇率对外币账户进行折算；计算相关的汇兑损益；

期初数据

期初总账科目余额及发生额汇总表

单位名称：东北发动机有限公司　　　　2018年12月

序号	科目名称	科目代码	期初余额 借方	期初余额 贷方	本期发生额 借方发生额	本期发生额 贷方发生额	期末余额 借方	期末余额 贷方
1	库存现金	1001						
2	银行存款	1002	15 859 388.00					
3	其他货币资金	1012						
4	应收票据	1121	3 000 000.00					
5	应收账款	1122	4 068 662.00					
6	预付账款	1123	9 482 616.00					
7	其他应收款	1221	35 000.00					
8	材料采购	1401						
9	原材料	1403	5 154 673.37					
10	材料成本差异	1404						
11	库存商品	1405						
12	长期股权投资	1501	900 000.00					
13	固定资产	1601	89 054 888.28					
14	累计折旧	1602		7 654 321.00				
15	在建工程	1604	6 551 813.57					
16	无形资产	1701	8 162 960.13					
17	累计摊销	1702						
18	待处理财产损溢	1901						
19	短期借款	2001		20 000 000.00				
20	应付票据	2201		3 200 000.00				
21	应付账款	2202		4 306 080.00				
22	预收账款	2203		7 200 000.00				
23	应付职工薪酬	2211						
24	应交税费	2221		1 500 022.00				
25	应付股利	2232		8 000 000.00				
26	其他应付款	2241						
27	递延收益	2401		700 000.00				
28	实收资本	4001		80 000 000.00				

续表

序号	科目名称	科目代码	期初余额 借方	期初余额 贷方	本期发生额 借方发生额	本期发生额 贷方发生额	期末余额 借方	期末余额 贷方
29	资本公积	4002						
30	盈余公积	4101		8 350 000.00				
31	本年利润	4103						
32	利润分配	4104		1 359 578.35				
33	生产成本	5001						
34	研发支出	5301						
35	制造费用	5101						
36	主营业务收入	6001						
37	营业外收入	6301						
38	主营业务成本	6401						
39	税金及附加	6403						
40	销售费用	6601						
41	管理费用	6602						
42	财务费用	6603						
43	以前年度损益调整	6901						
44	合计		142 270 001.35	142 270 001.35				

明细账期初余额明细表

2019年1月1日

一级科目 代码	一级科目 名称	一级科目 金额	余额方向（借或贷）	二级科目 代码	二级科目 名称	外币金额	人民币金额
1002	银行存款	15 859 388.00	借	100201	工商银行东风大街支行——人民币户		13 619 388.00
				100202	工商银行东风大街支行——美元户	350 000.00	2 240 000.00
1501	固定资产	89 054 888.28	借	150101	房屋建筑物		40 956 574.83
			借	150102	机械设备		48 098 313.45
2202	应付账款	4 306 080.00	贷	220201	境内应付账款		4 306 080.00
			贷	220202	境外应付账款		—
2221	应交税费	1 500 022.00	贷	222101	应交所得税		1 500 022.00

经济业务证明（外来原始凭证）

预录入编号：002　　海关编号：002

中华人民共和国海关进口货物报关单

出口口岸：长春市绿园区海关	备案号：87698	出口日期：	申报日期：
经营单位：东北发动机有限公司	运输方式	运输工具名称：轮船	78659
发货单位：美国江森自控有限公司	贸易方式	指运港：长春市绿园区海关	结汇方式：
许可证号：201912320	运抵国（地区）：中国长春	征免性质	境内货源地
批准文号：长绿海关01	成交方式	运费：0	保费：0.00	杂费
合同协议号：00987	件数 1	包装种类	毛重（公斤）500公斤	净重（公斤）
集装箱号：234567	随附单据		生产厂家：美国江森自控有限公司	征免

标记唛码及备注

项号	商品编号	商品名称、规格型号	数量及单位	最终目的国（地区）	单价	总价	币制	征免
1	23456	机床	1台	中国	250 000	250 000	USD	征

税费征收情况：已完税

录入员	张一	录入单位	王子	兹声明以上申报无讹并承担法律责任	海关审单批注及放行日期（签章）
报关员				审单	审价
单位地址	东风大街	申报单位（签章）		征税	统计
邮编		电话		填制日期 2019.12.1	查验	放行

付款审批单

部门：资产管理部　　　　　　2018年12月1日

收款单位	长春市绿园区国税局	付款理由：支付进口设备增值税	
开户银行	长春市工商银行西朝阳路支行	付款方式：银行转账	
银行账号	2008 1665 8888 7777	说明：	
金额	人民币（大写）	贰拾壹万贰仟壹佰陆拾元整	￥212 160.00
总经理审批	财务部长	部门经理	经办人
马实	柴章		钟和

付款审批单

部门：资产管理部　　　　　　2018年12月1日

收款单位	长春市海关	付款理由：支付进口关税	
开户银行	长春市工商银行西朝阳路支行	付款方式：银行转账	
银行账号	2008 1665 8888 6666	说明：	
金额	人民币（大写）	叁万贰仟元整	￥32 000.00
总经理审批	财务部长	部门经理	经办人
马实	柴章		钟和

电子银行业务回单（付款）

交易日期：2018年12月1日	交易流水号：5278956121
付款人账号：2008 1665 8888 8887	收款人账号：2008 1665 8888 7777
付款人名称：东北发动机有限公司	收款人名称：长春市绿园区国税局
付款人开户行：长春市工商银行东风大街支行	收款人开户行：长春市工商银行西朝阳路支行
币种：人民币　　金额：（大写）贰拾壹万贰仟壹佰陆拾元整	（小写）￥：212 160.00

银行附言：
客户附言：支付进口设备增值税
渠道：网上银行
记账流水号：1147521357000
电子凭证号：2131245121

登录号：	网点编号：		打印状态：第一次打印
客户验证码：	柜员号：	打印方式：	打印日期：2018.12.31

电子银行业务回单（付款）

交易日期：2018年12月1日	交易流水号：5278956121
付款人账号：2008 1665 8888 8887	收款人账号：2008 1665 8888 6666
付款人名称：东北发动机有限公司	收款人名称：长春市海关
付款人开户行：长春市工商银行东风大街支行	收款人开户行：长春市工商银行西朝阳路支行
币种：人民币　　金额：（大写）叁万贰仟元整	（小写）￥：32 000.00

银行附言：
客户附言：支付进口关税
渠道：网上银行
记账流水号：1147521357000
电子凭证号：2131245121

登录号：	网点编号：		打印状态：第一次打印
客户验证码：	柜员号：	打印方式：	打印日期：2018.12.31

海关进口增值税专用缴款书

号码：2200201610800001880-L01

填发日期：2018年12月1日

收入系统：税务系统

收款单位	收入机关	长春市绿园区国家税务局		缴款单位（人）	名 称	东北发动机有限公司
	科 目	预算初次	长春市绿园区国家税务局		账 号	2008165888880
	缴款国库	进口增值税	中 央		开户银行	工行东风大街支行
税号	货物名称	数量	单位	完税价格	税率	税款金额
22011770985834	机床	1	台	$250 000	13%	212 160.00
	金额（大写）贰拾壹万贰仟壹佰陆拾元整			合计		212 160.00
申请单位编号	234	报关单编号	002	填制单位	收款国库（银行）	
合同（批文）号	987	运输工具（号）		制单人		
缴款期限	2018.12.1	提货单号		复核人		
备注						

海关关税专用缴款书

收入系统：税务系统　　　　　　　　　　　　　　　号码：22002016108000001981-L01

填发日期：2018年12月1日

收款单位	收入机关	长春市绿园区国家税务局		缴款单位（人）	名　称	东北发动机有限公司
	科　目	关税	预算初次		账　号	20081665888880
	缴款国库	长春市绿园区国家税务局			开户银行	工行东风大街支行
税号				单位	税率	税款金额
22011770985434		货物名称	机床	台	2%	5 000.00
		数量	1	完税价格		
		中央		$250 000	合计	5 000.00
申请单位编号				填制单位		收款国库（银行）
合同（批文）号		运输工具（号）			制票人	（盖章）
缴款期限		提货单号			复核人	
备注		金额（大写）叁万玖仟元整				